風乎舞雩

元大都踏查记

李零 张南金 著

王瑞智 编

湖南美术出版社
·长沙·

序 言

李 零

我是1949年来北京，当时也就一岁，两岁开始有记忆，新中国的每一步，差不多都有印象。我这一辈子，大部分时间都在北京度过。

北京是一座什么样的城市？我曾熟视无睹，一切再熟悉不过，还有什么值得去看去想去说，甚至写本书？

飞快的城市建设，"大拆促大建，大建促大变"，让这座古老的城市，千变万化，面目全非，北京还能给后人留下点什么？

小时候，10岁前，我住城里，先农坛、海运仓、拈花寺、东四六条、铁一号，不断搬家，蓑衣胡同上保育院（当时不叫幼儿园），白米斜街上小学，跟老北京朝夕相处。10岁后搬西郊。当时，一出西直门，坐32路，去颐和园，去香山，这一路，我们叫西郊。我住海淀一带，一住几十年。我们说的"海淀"是海淀镇，不是海淀区。虽然海淀区政府就在海淀镇。我记得，小时候有个词叫"新北京"，似乎专指公主坟、五棵松一带，那是个军队大院扎堆的地方。我们这片不一样，大专院校、科研机关扎堆，是个"文化城"。

当年，毛主席"进京赶考"，他是从清华园火车站下车，直奔香山。那个车站还在，离我现在住的地儿不远，也就一站。他老人家不想搬到皇帝老儿住的地方住，更爱香山。我曾胡思乱想，假如他老人家真把首都核心功能区建在清朝的三山五园，那我见过的老北京便如元大都废弃的金中都。历史上有很多"废都"。

现在，每年春天，花红柳绿，我会跟学生春游，顺便给父母、老师扫墓，去万安，去福田，去三山五园，我离我心中的老北京好像越来越远。

疫情期间，外地不便去，那我就在身边访古。只因城里城外，进进出出，到处寻找残破不全的历史遗迹，才使我儿时的记忆，连同它的古老背景，在我心中一步步清晰起来。这就是我要写的元大都。

元大都是明清北京城的基础。不了解元大都，就不懂北京城。

我抓三个问题写。

一是中轴线：元大都的南北轴线。重点讨论钟鼓楼与中心台、中心阁的关系，万宁桥与万宁宫、万宁寺的关系。

二是大都水系：高粱河、金水河、通惠河。重点讨论金水河从和义门南水门到元大内的水道流向，以及金水河与高粱河、通惠河的关系。

三是大都50坊：重点讨论元大都11门的配卦和命名之由，拿《元一统志》49坊与《析津志》的记载（提到40坊）和明初33坊做比较，辨析异同。

结论是什么？这里总结一下，放在前面作预告。

第一，我理解的中轴线是串联元大都主体建筑的一条南北轴线，而不是沿旧鼓楼大街（药王庙街）按几何划分画出的大城平分线。它是以万宁桥为基点，即沿海子（什刹海）东缘的切分点画一条线，把钟鼓楼、中心台和元大内像串糖葫芦一样串在一起，钟鼓楼、中心台不在旧鼓楼大街上，万宁寺中心阁也不在今钟鼓楼的位置。

第二，金水河是大内用水的专供线，它从玉泉山流出，一直傍长河（玉河）走，不是沿西岸走，就是沿南岸走。我理解，此水从和义门南水关进城后，一直奔东走，要经三座金水桥，先经万新（斯）仓金水桥，再经葡萄园金水桥，最后经海子西金水桥，沿柳荫街西岔和龙头井街，南下，进大内。我认为，金水河与西河无关，它与西河相遇，可以跨河跳槽，没必要沿西河南下再北上，兜一大圈，如徐苹芳推测。蔡蕃说是走捷径，从柳巷东口跨河跳槽后，干脆走斜线，往东南拐，先经葡萄园金水桥（他是把葡萄园金水桥放在护国寺南），再经厂桥，比徐说合理，但有点曲里拐弯。邓辉认为，金水河走弓背，沿蒋养房胡同、羊房胡同、李广桥走，只是到了柳荫街，分东西两岔，从柳荫街西岔、龙头井街进大内。分岔后的一段有道理，但前面一大段是玉河出入海子的河道。它从西海子出，过李广桥，沿柳荫街东岔往东拐，先进海子，再出海子。万宁桥下和东步粮桥下出是东玉河，西步粮桥下出是西玉河。这是玉河，不是金水河。金水河不同，它与玉河是平行关系，并不相交，其实，即使最后一段，金水河也在玉河内侧。我们从明真武庙的位置和《真武庙重修碑记》提到的金水河看，金水河恐怕是走直线，最后经海子西金水桥，然后才是沿柳荫街西岔走。

第三，元大都的坊巷应以《元一统志》的记载年代最早、最有系统，《析津志》的记载偏晚、残缺不全，但后者与明初坊名容易对号入座，故学者所绘元大都坊巷图，多半是把《元一统志》与《析津志》拼凑在一起，参考明代坊名来复原。本书是以大都11门的方位、卦位入手，先定城门干道和区块划分，次考《元一统志》的坊名和取名之由，以此作"底本"，最后与《析津志》40坊和明初33坊对勘，类似文本研究。这是已知加未知，虚实结合，整体卡位，既用串并法，也用排除法，跟刑侦方法类似，虽云不中，亦不远矣。

张南金是我最后的研究生。他有系统的考古学训练和古文献基础，又是地地道道的"北京孩"，一直住城里，比我更熟悉北京。我们一起考察，一起讨论，一起写这本书。我们的合作很愉快。

当年，孔子带学生春游，"风乎舞雩"，那是个梦。我经常梦见这个遍植绿树的土台。你能想象吗？它真的就是孔子当年的舞雩台，西周就有的古迹。

每年春天陪我春游的学生和朋友，对我帮助很大。我把他们的行踪记录在案。我们一起行走北京，阅读北京，玩得不亦乐乎。

玩也是学问，玩就是学问。

北京太好玩了。

2024年6月13日写于北京蓝旗营寓所

目　录

01

《析津志》中的北京中轴线
——万宁桥与万宁寺，中心台与中心阁，钟楼与鼓楼

李　零

43

元大都五十坊考

李　零

93

地安门景山西河的形成与变迁
——兼谈元代萧墙内的海子水河道

张南金

129

编后记

王瑞智

李 零

《析津志》中的北京中轴线
——万宁桥与万宁寺,中心台与中心阁,钟楼与鼓楼

我是北京长大，十岁前住城里（先农坛、海运仓、拈花寺、东四六条、铁一号），蓑衣胡同上保育院，白米斜街上小学。近年怀旧，发思古之幽情，打算到儿时住过的地方转悠转悠。

打电话给王军。他说，你的圆梦之旅，我来安排。有些地方，王军陪我转过（如崇礼故居、拈花寺、白米斜街、蓑衣胡同），2021年4月7日的活动是围绕万宁桥、万宁寺和钟鼓楼。

他说，我们是"还乡团"，团员有我有他，还有唐晓峰、王睿。考察回来，在家恶补北京地理。王军送我他的未刊书稿，先睹为快。最近，书在三联书店出版（下文简称"王书"）。[1] 2022年1月22日，他请饭送书庆春节，请了很多人，我有幸参加。饭吃了，书读了，节过了，我想我该写点什么，祝贺祝贺，也讨论讨论，特别是把基础文献梳理一下。话题如题目所示。

有关史料，元熊梦祥《析津志》最重要。《析津志》久佚，各种辑本互有不同。我的讨论，涉及四个本子：

1. 清徐维则藏铸学斋本《析津志》，天津图书馆藏，下简称《铸》。

2. 北京图书馆善本组编《析津志辑佚》，北京古籍出版社，1983年，下简称《析》。

3. 徐苹芳整理的《辑本析津志》，北京联合出版公司，2017年，下简称《辑》。

4. 徐苹芳整理的《永乐大典本顺天府志残本》，北京联合出版公司，2017年，下简称《永》。

下面，我想以第二种为主，讲一下我对上述话题的理解，供王军参考。

[1] 王军《尧风舜雨——元大都规划思想与古代中国》，北京：生活·读书·新知三联书店，2022年。

一、万宁桥与澄清闸

1."万宁桥：在玄武池东，名澂清牐。至元中建，在海子东。至元后复用石重修。虽更名万宁，人惟以海子桥名之。"(《析》102页）

此条辑自《日下旧闻考》，讲万宁桥。万宁桥，俗称海子桥。初为木桥，后改石桥。桥在什刹海前海的东岸，西侧有闸，叫澄清闸。上引文字，澂同澄，牐同闸。

北京地势，西北高，东南低，水自西北流注东南，形成许多海子。元时，俗以海子或海称湖泊。元大都城圈里的海子分南、北二池。太液池在南，玄武池在北。

太液池，即今北海和中南海。汉唐长安城有太液池，金中都和元大都也有太液池。元大都的太液池是仿蓬莱三岛，也叫蓬莱池。元分南、北二海，明分南海为中、南二海。北海和中、南二海在明皇城内，也叫前三海或内三海。

玄武池，玄武指北方，金代叫白莲潭，元代叫积水潭。元积水潭，明代分前海、后海、西海，前海、后海又叫什刹海，西海今又独称积水潭。玄武池在明皇城外，也叫后三海或外三海。

今世学者论北京中轴线，多以"独树将军"或丽正门第三桥为基点，从南往北画线。王军则更关注皇城以北的钟鼓楼和钟鼓楼正南的万宁桥，则是从北往南画线。其实，万宁桥才是元大都南北轴线的基点。因为任何城市规划都要受限于山川形势，它是沿前海弧顶画一道切线，把东西分开的基点。这个点是大城内所有海子的最东点，水面已经卡定东西，不可能再往西移。这条线定下来，才能安排水面以东的皇家建筑群，像穿糖葫芦一样，把它们串成一线。这条线是元大都主体建筑的平分线，既平分萧墙圈定的范围、青山御苑和宫城，也平分大城。当然，"平分大城"只是近似，其实略向东偏（详下）。

万宁桥在地安门与钟鼓楼之间，也叫地安桥或后门桥。据说，万宁桥下有线刻子鼠和"北京"二字的石桩，如靳麟称，

1950年什刹海清淤，他曾亲眼见过刻有子鼠和"北京"二字的石桩。[2]"北京"是明永乐元年以来的叫法，如果此说可靠，石桩是明以来所设。

元代是什么情况呢？这要从元世祖忽必烈营建大都说起。

万宁石桥和澄清闸是海子石岸的一部分，至元时修，至元后亦修，是个长过程。如《元史·河渠志一》提到，元仁宗、泰定帝都重修过海子石岸。《北京文物地图集》称石桥建于至元二十二年（1285年），[3]未详何据。今石桥两侧有镇水石兽四，东北岸石兽，兽首下有题刻，铭文作"至元四年九月日，刘天一、杜元礼"。至元四年是1267年，与元大都兴建在同一年。

元代有两至元，一为元世祖年号，一为元惠宗年号，一般认为，这是元世祖的年号，属元早期。岳升阳、马悦婷把万宁桥石驳岸的年代断为元中晚期，疑"至元"是"至大"之误。[4]其实，《析津志》讲得很清楚，万宁桥闸建于至元中，至元后又用石重修，重修可以拖到至元后，但始建不会晚于至元。至大是元武宗年号，属元中期，年号不能随便改，"至元"误"至大"可能性极小。元惠宗已到元代晚期，太晚。

澄清闸，原名海子闸。今万宁桥西侧，燕翅石岸上仍留有绞关石、闸门槽，除两岸各有一镇水兽，水下还各有一龙（只有龙头）一珠，推测是用来标志水位。很多人说，万宁桥有六个镇水兽，就是指岸上四个加水下两个。我曾多次踏查万宁桥。2022年11月19日，我发现水下有"二龙戏珠"石雕，水上露出球状物，水下看不太清。有趣的是，当晚北京卫视"最美中轴线"节目恰好播出水下拍摄的石雕细节。《析津志》有焦景山题澄清闸诗（《析》116页，焦误隽）。[5]诗中有"嘶风宝马踏晴雪，出蛰苍龙戏贝珠"句，见到实物，我才明白，前一句是形容开闸放水，后一句是描写水下石雕。

澄清闸的年代有二说：一说至元二十九年（《日下旧闻考》卷五四引《水部备考》），一说至元三十年（《日下旧闻考》卷五三引《元一统志》）。《元史·河渠志一》："世祖至元二十八年，都水监郭守敬奉诏兴举水利……首事于至元二十九年之春，告成于三十

[2] 靳麟《漫谈后门大街》，收入文安主编《名街踏迹》，北京：中国文史出版社，2005年，79—108页。案：靳麟著有《中国法律史》（上海：三通书局，1930年），是一位学者。他从民国初年就住在后门桥一带。

[3] 北京市文物局编《北京文物地图集》，北京：科学出版社，2009年，68页。

[4] 岳升阳、马悦婷《元大都海子东岸遗迹与大都城中轴线》，《北京社会科学》2014年4期，103—109页。

[5] 焦景山，见《析》100、155页。

年之秋,赐名曰通惠。"其实,二十八年是元复设都水监之年(宋本《都水监事记》、欧阳玄《中书右丞相领治都水监政绩碑》),二十九年是澄清闸始建之年,三十年是告成之年,二说并不矛盾。至元三十年,郭守敬提到"澄清闸"(《元史·郭守敬传》),正好是澄清闸告成之年。成宗元贞元年(1295年)七月"海子闸改名澄清"(《元史·河渠志一》)是官方正式认定这一名称。在此之前,通常只叫"海子闸"。

这些都足以证明,万宁桥闸是建于至元四年至三十年之间(1267—1293年)。虽然,这座桥的桥面和栏板屡经改造,带有明代特征,但桥闸之设,就整体而言,始建年代还是在元代。

以往,学者对万宁桥是否可通漕船不无怀疑。岳升阳、马悦婷说,此桥拱券高出两侧金刚墙1米,金刚墙高5米,桥下总净空高度为6米,通过体形不高的漕船应不成问题。[6]但北京漕运,从南到北,由外到内,主要走城外,漕仓多设在大城城圈的内侧,特别是东西两侧,万宁桥下水主要是环绕萧墙。

万宁桥叫万宁桥,甚至可能与金万宁宫有关。

元以前,金中都北苑有太宁宫(亦作"大宁宫"),犹清定都北京,而有三山五园等离宫别馆在西郊。《金史·地理志上》:"京城北离宫有太宁宫,大定十九年建,后更为寿宁,又更为寿安,明昌二年更为万宁宫。"万宁宫,金章宗常去,很重要。明昌二年是1191年。

元世祖入据燕京(金中都旧址)在中统元年(1260年),营建大都在至元四年(1267年),前者上距明昌二年69年,后者上距明昌二年76年。元大都是继承金中都北苑。金中都北苑不光包括太液池,还包括太液池两岸的宫殿群。万宁宫很大,《金史·章宗纪》有"命减万宁宫陈设九十四所"语,说明它是个宫殿群,而不是一座孤零零的宫殿。

学者多说万宁宫在琼华岛上,不对。陈平怀疑,万宁宫在太液池东岸,今景山西侧和故宫西北角,即大高玄殿附近。[7]万宁宫的范围到底有多大,[8]可以讨论,但毫无疑问,不在琼华岛上。

《日下旧闻考》卷二九讲金元宫室:"惟西苑之太液池、琼华

---

[6] 岳升阳、马悦婷《元大都海子东岸遗迹与大都城中轴线》。

[7] 陈平著,北京市西城区文史学会编《古都变迁说北京——北京蓟辽金元明清古都发展轨迹扫描》,北京:华艺出版社,2013年,100—102页。

[8] 郭超强调,元大都的宫城是继承金大宁宫(即万宁宫),见氏著《元大都的规划与复原》(北京:中华书局,2016年)。

岛为金明昌中万宁宫西园遗迹,乃当时别馆所在。至金时大内,以地理揆之,当在今广宁、右安门外,其遗址皆无可考。元代宫室,考之《昭俭录》及《析津志》《北京志》,大内在太液池东,隆福、兴圣二宫在太液池西。今西苑及旁近之大高玄殿、光明殿诸处应即其地。[9] 明永乐间改建宫城,又在元大内迤东。我朝开国以来,宫廷制度不过量为修葺,而大概多仍胜朝之旧。"指出元明清三代的大内宫城有继承关系。其下文复引元郝经《琼华岛赋》"五月初吉,由万宁故宫登琼华岛",也说明宫是宫,岛是岛,太液池、琼华岛是附属于万宁宫,就像明清王府通常有花园,园是附属于府。同书卷三八讲得更加明白,"元大内在太液池东,为金万宁宫苑地,此外更别无大内"。[10]

"元大内在太液池东",这句话很重要。不仅今景山西侧和故宫西北角在太液池东,今整个景山和整个故宫也在太液池东。我怀疑,万宁宫的范围并不限今景山西侧和故宫西北角那一块,很可能还向东向南拓展。明清故宫就是以此为基础发展而来。

万宁桥比万宁宫晚,在万宁宫北;万宁寺又比万宁桥晚,在万宁桥北。三组建筑,居然同名,恐非偶然。太宁(或大宁)、寿安、寿宁、万宁四名也与大天寿万宁寺属类似名称。

2. "洪济桥:在都水监前,石瓮,名澄清上闸,有碑文。"(《析》98页)

此条出自《铸》,讲澄清上闸。

"洪济桥",学者多以为即万宁桥的别名。上文提到,今万宁桥西侧燕翅石岸上有绞关石和闸门槽。今万宁桥西侧北岸有火德真君庙,俗称火神庙,旧说唐贞观年间所建,元至正六年(1346年)重修(《帝京景物略》卷一),岳升阳、马悦婷疑之。他们据北京地铁8号线什刹海站修建工程中的发现,认为元代的海子东岸在今地安门百货商场前,贴近地安门大街,今火神庙是元代后期至明代填海所建。[11]这等于说,今万宁桥西侧的燕翅石岸,其北面的金刚墙本来是孤悬水面,似不太合理。我怀疑,今火神庙和地安门

[9] 大高玄殿,位于景山西街21、23号。大光明殿,位于西安门大街22号国家机关事务管理局大院内。
[10] 明清北京城的"皇城"是介于大城和宫城间的城圈,相当元代的"萧墙"。明清"大内"多指宫城。但元代和明初,有时也把宫城称为"皇城",参看日本学者新宫学《明代迁都北京研究——近世中国的首都迁移》(贾临宇、董科译,高寿仙审校,北京:外文出版社,2021年),76页。
[11] 岳升阳、马悦婷《元大都海子东岸遗迹与大都城中轴线》。

图一　万宁桥西侧的绞关石和闸门槽　李零摄　2021年

百货商场一带，地层堆积比较复杂，年代早晚还值得进一步研究。

"在都水监前"，原连下读，作"在都水监前石甃"，今点断。都水监是元代掌桥闸水务的衙署。万宁桥既然在都水监前，则都水监必在其后。或说都水监在万宁桥西北，则是据下第5条"澄清闸二：有记，在都水监东南"反推。其实那是讲万宁桥东南的澄清闸，而不是讲万宁桥西侧的澄清闸。《析津志》云"望海楼：在都水监北，东一百五十步，燕帖木儿师为相时所盖。今废，惟存基址与佛堂耳。以其去海子密迩，故名"（《析》106页），原文"在都水监北"与下"东一百五十步"连读，今点断。元都水监，明改宛平县学。刘崧《秋日过宛平县学坐射亭观梅子荷花》诗云"旧日曾闻都水监，明时已属泮宫祠"，崧是元末明初人，他曾目睹这一历史变迁。问题是明宛平县学在哪里。王锐英认为，今火神庙可能是拆迁的结果，并非原地。庙可大可小，位置常有变动，火神庙也可能就在元都水监内。[12]

"石甃"，甃是石壁，这里用作动词，指用石料砌筑石桥、石闸、石驳岸。

"名澄清上闸，有碑文"，意思是说，有碑文为证，其名为"澄清上闸"，可见洪济桥是澄清闸的上闸。《析津志》云高梁河"入海子内，下万宁闸"（《析》96页），此闸也称为"万宁闸"。

[12] 王锐英《北京中轴线上的桥梁》，北京：光明日报出版社，2022年，130—131页。

3. "丙寅桥：中闸，有记。"（《永》434页）

此条可以证明，丙寅桥有元澄清中闸。这里的"丙寅桥"可能相当东步粮桥。《析》无此条。"有记"，有碑记。

4. "望云桥：在后红门东，今澄清下闸。"（《析》98页）

"望云桥"是元代名。此条可以证明，元澄清下闸在望云桥。望云桥的位置可能在今北河胡同东口。

"后红门"，也叫厚载红门。元萧墙有东、西两红门和后红门。后红门相当明北安门或清地安门，乃皇城后门。

据上所述，元澄清闸有三，上闸应在万宁桥西，中闸应在东步粮桥北，下闸应在北河胡同东口西。今玉河遗址经发掘，辟为遗址公园。[13]

以上四条都是讲万宁桥以东，未及万宁桥以西。

5. "澄清闸二：有记，在都水监东南；丙寅桥二，蓬莱坊西。水自枢密桥，下南薰桥、流化桥，出南水门外，入哈达门南文明桥下。"（《析》95页）

此条讲万宁桥以下的桥闸。

（1）丙寅上桥和丙寅下桥

"澄清闸二：有记"，指这两座闸有澄清闸记。

"在都水监东南"，这里既言"在都水监东南"，则与澄清上闸"在都水监前"有别，当指万宁桥东南的两座澄清闸，疑相当澄清三闸的中闸和下闸。

"丙寅桥二"，指与"澄清闸二"相配的两座桥。蔡蕃猜测，丙是南，寅是东，丙寅代表东南。[14] 王锐英猜测，丙寅桥是以丙寅年而命名。元代有两个丙寅年，第一个丙寅年是至元三年（1266年），第二个丙寅年是泰定三年（1326年）。他相信这是第一个丙寅年，并推断万宁桥并不晚于丙寅桥，两者可能同时，同为元大都

[13] 北京市文物研究所、北京市东城区文化委员会编著《北京玉河：2007年度考古发掘报告》，北京：科学出版社，2008年，196—198页。

[14] 蔡蕃《北京古运河与城市供水研究》，北京：北京出版社，1987年，98页。

的"奠基纪念之桥"。[15] 这两座桥是哪两座桥，我怀疑，上桥可能相当明东步粮桥，即俗称的东不压桥（1955年拆除），与澄清中闸相配；下桥疑即下文的望云桥，与澄清下闸相配。

"蓬莱坊西"，原文连下读，今点断。二桥在蓬莱坊西。《元一统志》无蓬莱坊，《析津志》有之。侯仁之主编的《北京历史地图集》之《元大都图》（北京：文津出版社，2013年，50—51页）把蓬莱坊标在萧墙东垣北段的外侧，应可信据。[16]

（2）神道桥（烧饭园桥、烧饭桥）

上文讲完丙寅二桥，接下来讲枢密院桥。其实，枢密院桥前、枢密院桥后还有几座桥，应当补说一下，首先是烧饭桥。《铸》引《析津志》两次提到此桥，一曰"神道桥：在红门北东，俗名烧饭园桥"（《析》98页），二曰"烧饭桥：南出枢密院桥、柴场桥。内府御厨运柴苇俱于此入。下则官酒务桥、光禄寺流化桥"（《析》100页）。这段话不能理解为烧饭桥在枢密院桥、柴场桥以南。相反，我们从《铸》引《析津志》云"烧饭园，在蓬莱坊南"（《析》115页）看，烧饭桥既得名于烧饭园，必在此园附近，即蓬莱坊南，保大坊北，南出才是枢密院桥和柴场桥。另外，这里的"此"也并非烧饭桥，而是承接上文的柴场桥，指运柴苇是走这座桥。官酒务桥、光禄寺流化桥更在其南。

（3）枢密院桥

枢密院桥近枢密院。《铸》引《析津志》云"朝阳桥：在东华门外，俗名枢密院桥"（《析》97页）。此桥是进出东红门和东华门所必经。徐苹芳考证，元枢密院旧址大约在今灯市口西街以北，王府井大街北段以西，东黄城根南街以东，东厂胡同以南。[17]《元一统志》有保大坊，《析津志》亦有，云"保大坊：在枢府北"（《析》3页），可见枢密院在保大坊南。

（4）保康桥（柴场桥、柴垛桥）

枢密院桥以下有保康桥，这里补说一下。《铸》引《析津志》云"保康桥：在柴房东，俗名柴垛桥"（《析》98页）。场、垛形近易混，柴垛桥应即上柴场桥。

---

[15] 王锐英《北京中轴线上的桥梁》，150页。

[16]《元一统志》50坊，《析津志》所引40坊，名称相同者只有15坊，25坊换用新名，变化很大。前书创修于至元二十二年（1285年），年代较早，后书成书于至正十三年（1353年）后，已接近明代初年，期间坊名频易，殊难董理。《北京历史地图集》之《元大都图》标注的46坊，有些可以落实（集中在今二环以南），有些存在问题（集中在今二环以北），需要一一甄别。

[17] 徐苹芳《元大都枢密院址考》，收入《徐苹芳文集：中国城市考古学论集》，上海：上海古籍出版社，2015年，141—146页。

（5）通明桥（光禄寺酒坊桥、酒坊桥、酒务桥、光禄寺桥）

保康桥下有通明桥，这里补说一下。通明桥也叫光禄寺酒坊桥，如《日下旧闻考》引《析津志》："枢密院南转西为宣徽院，院南转西为光禄寺酒坊桥"（《析》7页）。光禄寺酒坊桥又可简称酒坊桥，如《铸》引《析津志》云："通明桥：在光禄寺西，俗名酒坊桥。"（《析》97页）。此桥既在光禄寺西，则光禄寺必在玉河以东。此外，《铸》引《析津志》还有酒务桥一名，曰"酒务桥：光禄寺"（《析》101页），可能是此桥异名，上文也叫官酒务桥。又《铸》引《析津志》讲马市桥，提到"水自西北来，而转东至周桥，出东二红门，与光禄寺桥下水相合流出城"（《析》100—101页），此桥也叫光禄寺桥。《元一统志》有湛露坊，曰"坊近官酒库"，酒坊桥应在此坊内。

（6）南薰桥

南薰桥是因南薰坊而得名。《元一统志》无南薰坊，《析津志》有之（《析》4页）。侯仁之主编的《北京历史地图集》之《元大都图》（北京：文津出版社，2013年，50—51页）把保大坊标在蓬莱坊以南，南薰坊标在保大坊以南，应可信据。

（7）云集桥（光禄寺流化桥、御河皇后酒坊桥、流化桥、酒坊桥）

"流化桥"，在南薰桥以下，也叫光禄寺流化桥，简称流化桥，或御河皇后酒坊桥，简称酒坊桥（与上光禄寺酒坊桥不同）。《铸》引《析津志》，两次提到此桥，一曰"此水自高梁桥入城，而出城至通惠闸，方得到通州。此为御河皇后酒坊桥"（《析》100页），二曰"流化桥：酒坊桥，中正院属，即典饭局"（《析》101页）。

"出南水门外"，元大城南墙上有南水门。水出流化桥，东转，至文明门。《铸》引《析津志》云"云集桥：在南水门内，碑刻流化桥，有碑"（《析》98页），我理解，这是说，云集桥在南水门内，碑刻"流化桥"三字，有碑文为证，就是流化桥，例同上洪济桥"名澄清上闸，有碑文"句。

此桥也与光禄寺有关，并提到中正院。光禄寺掌皇室膳食，中正院为皇后服务。

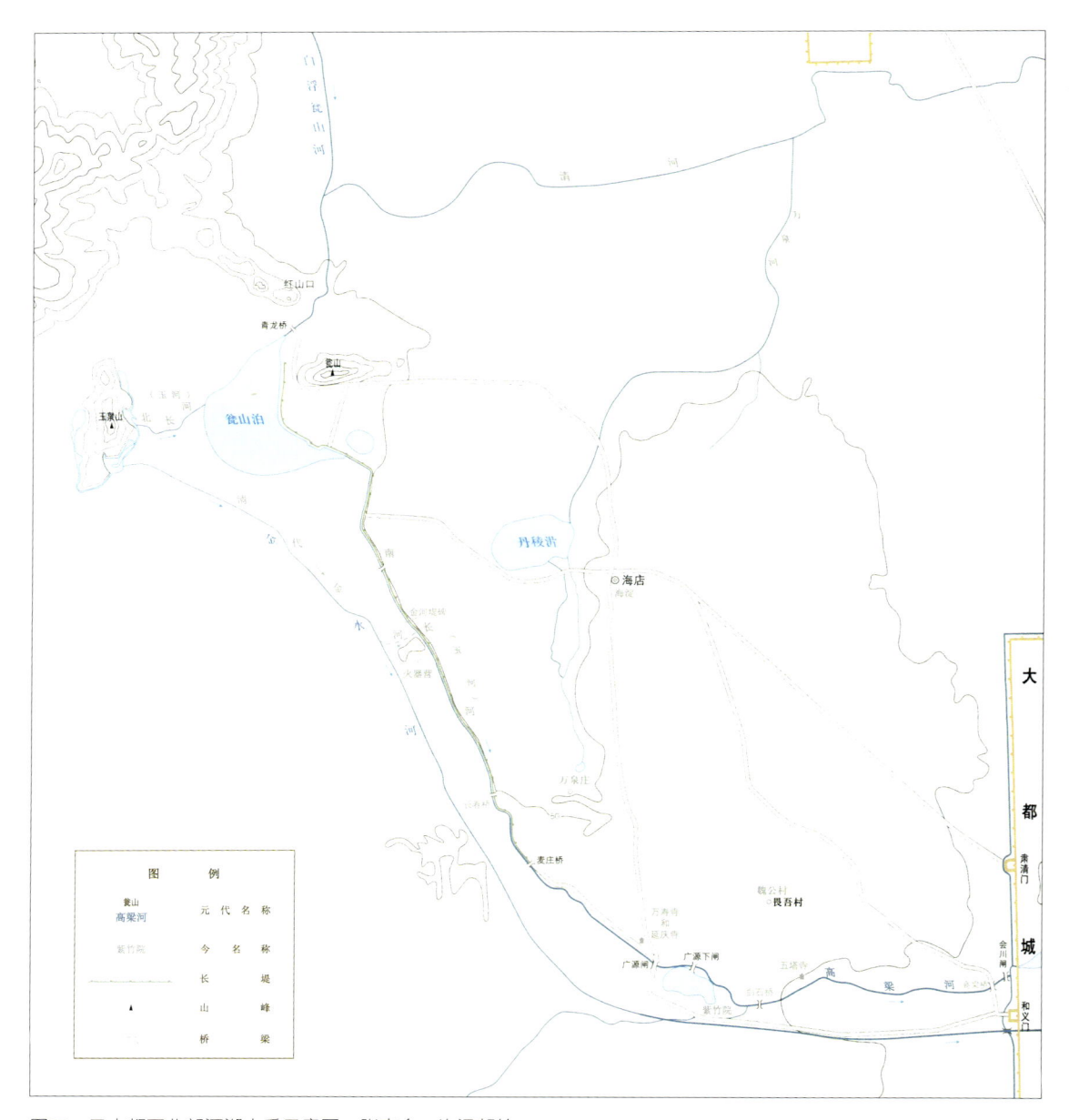

图二　元大都西北郊河湖水系示意图　张南金、许泽邦绘
底图采自侯仁之主编《北京历史地图集（文化生态卷）》之《元代西北郊河湖水系分布图》

(8) 文明桥

"哈达门南文明桥",哈达门是因元哈达王府在此门内而得名,也叫文明门。文明门南有文明桥。文明桥是通惠河去通州所必经。

讨论

元大都用水,以高梁河、金水河、通惠河为主。学者论大都桥闸,离不开这三条河。

(一) 高梁河(玉河、御河、长河)

高梁河亦作高良河,明代叫玉河或御河,清代叫长河。高梁河很古老。古高梁河出石景山,引车箱渠,接今高梁河,属于古永定河。今高梁河是元以来的高梁河,源头是今紫竹院平地泉,元代水量不足,郭守敬引昌平白浮、瓮山诸泉济之,[18] 汇为瓮山泊。瓮山即今颐和园万寿山,瓮山泊即今颐和园昆明湖。玉泉山到昆明湖的河段,今称北长河。昆明湖到高梁桥的河段,今称南长河。高梁河上有许多湖,总是一出一进,串联在一起。

北长河入昆明湖是从玉泉山五孔闸出,颐和园青龙闸入(1965年以前如此),比较短(2千米)。南长河出昆明湖是从绣漪桥南的绣漪闸下出,经火器营桥、长春桥、万寿寺、延庆寺、广源闸、白石桥、五塔寺、高梁桥,最后从元和义门北水门入城(在西直门以北),比较长(10.8千米)。狭义的高梁河指紫竹院到高梁桥段,广义的高梁河指高梁河水系,还包括高梁河入城后从玄武池分出的支流。

高梁河入城后有三条支流:一条是坝河,从今积水潭北岸出,东流,从元光熙门南出大城,去通州;一条是西河,从今积水潭南岸出,流经大城西部,南注金中都北护城河;一条是通惠河,从万宁桥下出,穿萧墙东北角,顺萧墙东垣,出大城东南,去通州。

坝河,金代叫漕渠或漕河,元代叫坝河或阜通河。漕渠和漕河是因漕运而得名,坝河和阜通河是因城外有阜通七坝而得名,金元时期曾经是漕运干道,明代把城内段用作北护城河和排水沟。

[18]《析津志》:"高梁河,原(源)出昌平县山涧,东南流至高梁店,经宛平县境,由和义门北水门入抄纸坊泓淳,迤迤自东坝流出高梁,入海子内,下万宁闸,与通惠河合流,出大兴县潞河。"(《析》96页)《元史·河渠志一》述在"通惠河"条。元昌平县辖今海淀区北部。

西河,高梁河西河的简称。[19] 崇元观（在西直门内大街近新街口处）南有横桥（又作虹桥或洪桥），横桥以下有北大桥、南大桥、王贵桥（或王公桥）、马市桥等。桥下有南北向大沟，明清称大明濠，俗称西沟沿，原来是河道。今赵登禹路和太平桥大街即河道遗迹。其东北方向，从今积水潭南岸穿新街口北大街至崇元观，还有一段，早已断流，但日本宫城县东北大学图书馆藏明刻本《北京城宫殿之图》和大英图书馆藏清代彩绘北京古地图仍画有这一段。[20] 补出这一段，西河和坝河方可连通。唐晓峰指出，金元漕运，坝河转西河曾经是漕运干道。[21]

（二）金水河（金水、金河）

侯仁之考金水河，至今仍被奉为经典。[22] 当年，他曾坦言，很多问题搞不清。搞不清，才值得探索。

金水河，也叫金水或金河，因水出西山，五行西配金，故名。它是从玉泉山南麓引出的人工渠，专供大内用水，与高梁河异源别流。高梁河的上源是白浮水，跟北京—通州的漕运有关。

金水河从玉泉山到大内，一路有许多高架渡槽，水位比途中相遇的河流高，可以跨河跳槽继续走，相交不相合。乾隆二十一年（1756年）御制《界湖楼诗》："金河高长河，玉泉高倍蓰。设非次第蓄，一泻无余矣。"意思是说，金河比长河高，玉泉水更高，如果不沿途设闸，节制水流，则一泻无余。界湖楼的位置大约在今北坞玉东郊野公园北的湖山罨画坊附近，今已无存。

金水河分城内段和城外段。

城外段大体与高梁河平行，在它的西侧和南侧。今金河遗迹分两支，一支沿今北坞村路南流，一支沿颐和园西墙南流，两支会合后，在火器营桥北汇入南长河，附近有乾隆金河堤碑。

城内段，《析津志》古迹类提到"金水河水门：在和义门南"（《析》114页）。金水河从和义门南水门（在今中大安胡同西口）入，沿前半壁街、柳巷胡同东流，与上面提到的西河在柳巷胡同东口相遇。这一段问题不大，但接下来怎么走却是大问题。

一种推测，它是汇入西河，南流，从马市桥到甘石桥，沿东斜街兜上来，顺萧墙西垣北上，再沿北垣东流，最后从北垣西段某处

[19]《元史·河渠志一》："至元二十九年二月，中书右丞马速忽等言：'金水河所经运石大河及高良河西河俱有跨河跳槽，今已损坏，请新之。'是年六月兴工，明年二月工毕。""高良河西河"有两种读法，一种是断开，把高良河和西河当两条河；一种是连读，把西河当高良河的支流。此取后说。

[20] 参看任金城《明刻〈北京城宫殿之图〉——介绍日本珍藏的一幅北京古地图》(《北京史苑》第三辑，北京：北京出版社，1985年，423—429页)；侯仁之《记英国国家图书馆所藏〈清雍正北京城图〉》(《历史地理》第九辑，上海：上海人民出版社，1990年，38—48页)、李孝聪《记英国伦敦所见四幅清代绘本北京城市地图》(白鸿叶、陈红彦主编《京城印记：北京古地图论文集》，北京：文津出版社，2021年，1—31页)。

[21] 唐晓峰《北京水利史辨微二题》（北京市社会科学院历史研究所编《北京史学》第九辑，北京：社会科学文献出版社，2019年，3—20页）；《〈明北京城宫殿之图〉补记》（王家耀、徐永清主编《地图史研究：理论与实践》，北京：社会科学文献出版社，2023年，196—204页）。

[22] 侯仁之《北平金水河考》，《燕京学报》第30期（1946年6月），107—134页。

图三　大都城内金水河河道示意图　张南金、许泽邦绘

流入太液池，如元大都考古队的《元大都示意图》所示。这种推测出自徐苹芳。[23]

另一种推测，金河与西河相遇后，跨河跳槽，东南流，从宝产胡同东口，横穿今新街口南大街，经护国寺南和厂桥（今德胜门内大街南口），直奔太液池。这种推测出自蔡蕃。[24]

上述第一种推测与西河有关。《析津志》云"马市桥，水自东流入咸宜坊，西至曩八总管府桥（零案：西字疑属上读）、顺城门石桥，转东隆福宫桥，流入于太液池。流出周桥右。水自西北来，而转东至周桥，出东二红门，与光禄寺桥下水相合流出城"（《析》100—101页），"至曩八总管府桥"后原点逗号，今改顿号。马市桥在万安寺（白塔寺）东，曩八总管府桥在咸宜坊（在西四南、西单北大街和太平桥大街之间），顺城门石桥是甘石桥。水从马市桥至甘石桥兜上来的一段在萧墙西垣外，流入大内西苑后，则从隆福宫前横流，先入太液池，再出太液池，经周桥、光禄寺桥，南转出城。引文并未提到顺萧墙西垣北上的一段。周桥水属明清故宫的内金水河，但西河叫金河没有根据。

第二种推测，文献依据是《析津志》河闸桥梁类"无名桥"条。该书无名桥甚多，值得注意的是，其中有三座金水桥，即"万新仓金水河一。海子西金水河一。……蒲萄园金河一"（《析》99页）。

万新仓金水河桥，万新仓的"新"字可能是讹写，疑即《析津

[23] 见中国科学院考古研究所、北京市文物管理处元大都考古队《元大都的勘查和发掘》（《考古》1972年第1期，19—28页）所附《元大都示意图》。傅熹年《中国古代城市规划、建筑群布局及建筑设计方法研究》（北京：中国建筑工业出版社，2001年）下册的《元大都平面分析图》和侯仁之主编《北京历史地图集》的《元大都图》略同。承唐晓峰先生告，《元大都的勘查和发掘》代表的是徐苹芳的观点，《北京历史地图集》之《元大都图》也出自徐苹芳之手。

[24] 蔡蕃文：（1）《什刹海水域的功能演变、影响力及与北京文化的关系》，见王粤主编《北京的文化名片：什刹海》，北京：中华书局，2010年，上册，97—122页）；（2）《元代北京崇国寺选址与大都河湖的关系》，见北京市西城区什刹海研究会编著《京城名刹护国寺》，北京：团结出版社，2017年，18—25页；（3）《北京金水河考》（与姚华容合撰），《北京文史》2018年第3期，62—73页；（4）《历史上西直门周边的河湖》，见北京市西城区文史学会编《西直门内外》，北京：团结出版社，2021年，18—35页。四文皆有蔡氏所绘示意图。

》的"万斯仓"。元光熙门内有千斯仓，两名相应。此仓或与元和义行用库有关。行用库，掌买卖金银、收换破旧纸钞和丝绵布帛，兼设仓储，平抑粮价物价。[25] 和义行用库在明半壁街（今前半壁街）南，明代也叫广平库、广备库仓、西新仓。[26] 明半壁街即西新仓后墙，早先是一面墙一面水。蔡蕃没有提及这座桥。他认为，金水河过柳巷东口后，沿北帽胡同、大帽胡同等斜街，东南流，到宝产胡同后，再东流。宝产胡同，原名宝禅寺胡同，有明正法寺、宝禅寺等寺庙。明宝禅寺即元大承华普庆寺旧址。[27] 这些胡同和寺庙大体在前公用胡同和宝产胡同之间。[28]

蒲萄园金河桥，蔡蕃据《帝京景物略》卷一崇国寺条引袁宏道《崇国寺葡萄园同黄平倩诸君剧饮》和袁宗道《夏日黄平倩邀饮崇国寺葡萄林》诗，[29] 认为此蒲萄园即明葡萄诗社时常聚会的崇国寺葡萄园。他认为，金水河是走今护国寺南，但这里是不是还有另一种可能，即取最近便的路线，从前公用胡同，横穿新街口南大街到护国寺北，然后从护国寺北一直往东走。今护国寺西北有一条小巷，叫百花深处，不知是否与这个蒲萄园有关。

海子西金水河桥，《析津志》两见，除上所引，物产类"兽之品"条还提到"象（房在海子桥金水河北一带）"（《析》232页）。我怀疑，此桥未必就是厂桥，也可能在今德内大街以东和海子以西离海子不太远的某个地点。这一片是高地，从今平安大道路边往北看，地势明显偏高。金水河是自高趋下，从元萧墙北垣某处，流入大内西苑。

蔡蕃认为，金水河有三，一条是这条金水河，一条是西河，一条是通惠河。我认为，只有第一条金水河才是元代的金水河，其他两条都是高梁河的支流，坝河也是。

此外，还有两种意见，一种是邓辉说，[30] 一种是王锐英说。[31] 前说类似蔡蕃说，也是从和义门南水门入，经半壁街、柳巷，但跨河跳槽后，不是东南流，而是西北流，横穿今新街口北大街，沿旧蒋养房胡同（今新街口东大街）、羊房胡同、柳荫街往下走，不是沿柳荫街东叉，从前海西街往东拐，进海子，而是沿柳荫街西岔继续往下走，从龙头井街，直奔太液池。此水从流向看，或许是从今

[25] 元大都行用库，职能不限倒钞，可参看《元史·武宗本纪》。《新元史·百官志》引《元典章》："大都平准十行用库大使，从九品。至元二十四年，大都设置库者三：曰光熙，曰文明，曰顺承。二十六年，又置三库：曰健德，曰和义，曰崇仁。皆因城门之名为名。"元大都有十一座城门，至元二十四年（1287年）改置，二十六年又置者仅其六，号称"行用六库"。徐氏铸学斋抄本《析津志》又有"平则库"。

[26] 今前半壁街（明半壁街）、后广平胡同（明后广平库胡同）、前广平胡同（明前广平库胡同），就是这组库、仓所在。案：今后广平胡同北有小后仓胡同，柳巷东口东有前公用胡同（明供用库胡同），也与库、仓有关。前半壁街、柳巷和前公用胡同大体在一条线上。

[27] 今宝产胡同是因宝禅寺而得名。明宝禅寺建于宝产胡同北，是元普庆寺旧址的一部分，清光绪三十三年（1907年）迁宝禅寺于今西四北八条37号，已不在元普庆寺的范围内。明普庆寺在新街口南大街163号，也不在元普庆寺的范围内。

[28] 《日下旧闻考》卷五二引《明顺天府志》："正法寺、宝禅寺俱在河漕西，有敕建碑。"明河漕西坊在西河以西，疑此"河漕西"当作"河漕东"。

[29] 参看周园《葡萄诗社与护国寺》，见《京城名刹护国寺》，141—155页。

[30] 邓辉《元大都内部河湖水系的空间分布特点》，《中国历史地理论丛》第27卷第3辑（2012年7月），32—41页。又侯仁之主编《北京历史地图集（文化生态卷）》（北京：文津出版社，2013年）的《元大都内部河湖水系图》（120—121页）。

[31] 王锐英《元大都金水河故道及跨河跳槽考辨》（一），微信公众号"北京桥梁"，2020年3月15日。

静心斋附近入大内。它与明代的西玉河有部分重合，两者是什么关系还值得探讨。后说类似徐苹芳说，但认为金水河与西河无关，跨河跳槽后，傍西河东岸沿徐说的路线走。

金水河从萧墙北垣入太液池，有很多支流分布在太液池两岸，包括大内用水。金水与太液池是什么关系？侯仁之这样概括，"元之太液池，本为金水所注，又为金水所出；故水之入者，汇而为池，水之出者，流而为河；就其本源立论，盖一而二，二而一者也"。[32] 他认为，太液池由金水河汇成，与玄武池有别，玄武池由高梁河汇成，源头不同，两不相涉。但实际情况可能比较复杂。我怀疑，金水河只是一条皇家专用的供水线，金水河断流后，除以舟车运水入宫苑者外，禁中之水都来自高梁河。

明清金水是泛言禁中之水。水从西步粮桥下入北海，在北闸口分流，一支从籴祥桥下入北海，一支沿东岸走。籴祥桥，盖以金水为名，此名是明代才有。[33] 东岸水，由石渠载以入岛，供琼岛用水。侯仁之更关心这条水道。他说，"元代金水河是否穿行大内"未见证据，其明清金水河的示意图是从北海东岸水分出一叉，从今先蚕坛（明雷霆洪应殿旧址）南流，顺着坛墙东垣，经画舫斋、濠濮间，穿北海公园东墙，过西板桥、白石桥，沿景山西街，从筒子河西北角进明清故宫。[34]

金水河很重要，但长期搞不清。为什么搞不清，原因有二。

第一，大都用水，上源有二。西郊金水河道，元末明初可能已废，白浮水断，只有玉泉水、瓮山泊还在，城外的高梁河成了唯一的源头。

第二，大都漕运，初以坝河、西河为主，偏北偏西；郭守敬开通惠河，才转向东南。通惠河，明代也叫玉河（或御河），城内城外都叫玉河（或御河）。

关键是明清大内的金水河虽然还叫金水河，但水源已经变了，沿用金水之名，只是虚应故事，两者常被搞混。

最近，经实地勘察，我的认识是，金水河自和义门南水门入城后，一路向东，基本是走直线，既不必沿西河南下再兜上来，也不必走北面的大弓背，绕到李广桥再南下。那是西玉河出积水潭入

[32] 侯仁之《北平金水河考》。
[33] 见《明世宗实录》卷三〇九、明程良孺《读书考定》卷十九、刘若愚《酌中志》卷十七。籴祥桥，除北闸口的一座，还有一座在五龙亭西南，"临河有坊，曰籴祥桥"（《酌中志》卷十七）。
[34] 参看本书张南金《地安门景山西河的形成与变迁——兼谈元代萧墙内的海子水河道》。

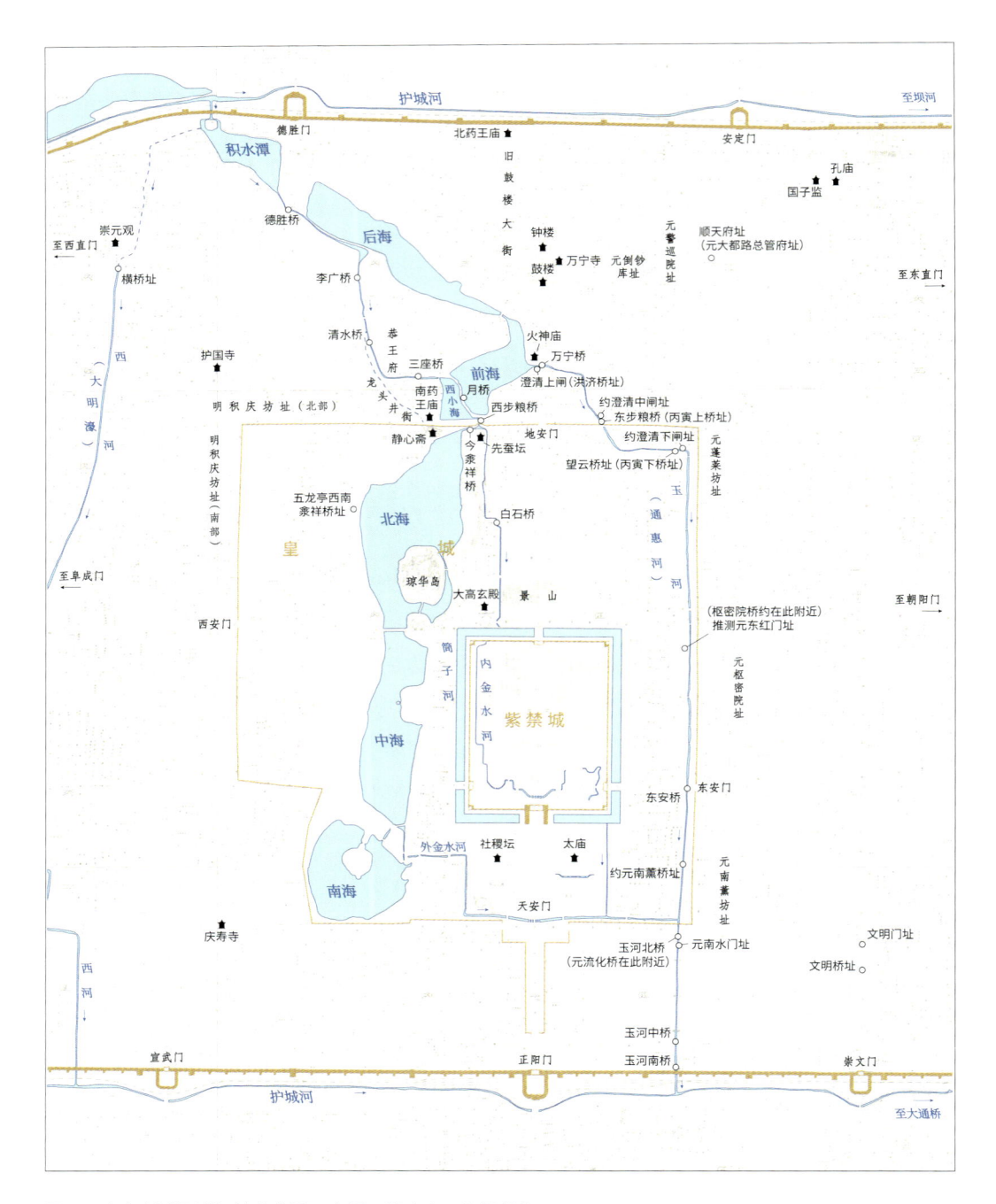

图四　文中所述河道与地点位置示意图　张南金、许泽邦绘

文中所述建筑众多，年代或元或明清，分布较广，为便于读者理解各地点的位置及空间关系，我们绘制了这张示意图。在1949年的北京地图上，我们将文章提及的地点逐一标出，其中包含了元明清三代的内容，因此它并不是一张体现某一时期状况的复原图。图中以蓝色标出近代河道及湖泊的情况，以黄色描绘明清时期墙垣的状况。凡近代仍有保存之建筑与地名，皆直书其名。凡近代无存之建筑与地名，皆以"某某址"标示，如"望云桥址"。凡推测之建筑与地名，皆冠以"约"，如"约澄清中闸址"。（底图采自《旧北京一九四九年城区地图》）

什刹海、出什刹海入太液池的河道，不是金水河的河道。金水河的河道是三点一线，新街口南大街以西，万斯仓金水桥是一点；以东，蒲萄园金河桥是一点（不是从崇国寺南而是从崇国寺北走）；最后，海子西金水桥是一点，即沿柳荫街西岔和龙头井街，从静心斋附近入大内（参看补记三）。

（三）通惠河（玉河、大通河）

狭义的通惠河是万宁桥到大通桥的东玉河和大通桥到通州的大通河，广义的通惠河还包括高粱河和高粱河上源。

玉河本指从玉泉山来的水。[35] 此名主要流行于明清，但元代也有，如元马祖常有一首《玉河诗》，就是用"玉河""御沟"指绕行萧墙的河。明清，玉河主要指外环皇城的河，金水主要指大内用水的专供线，这是两者的基本区别。

明清有两玉河，东玉河有东步粮桥，西玉河有西步粮桥。[36]

东玉河是从万宁桥下出，东南流，绕皇城东北，水从北垣入，东垣出，沿东垣南下，出大城南，过大通闸，接大通，去通州。这条河道，元代就有，但元在东垣外，明在东垣内。

西玉河从西步粮桥下出，南流，从今北海幼儿园（先蚕坛）和北海公园北门之间，入太液池。《日下旧闻考》卷四二、四四说此水从北海入，南海出，东流，汇入东玉河，最后去了通州。

这两条河的上源都是高粱河。

《日下旧闻考》卷五四讲西玉河，提到明德胜桥、李广桥、清水桥、三座桥，以及越桥和响闸。德胜桥在德胜门南，李广桥在今羊房胡同东口与柳荫街北口交会处，清水桥在今柳荫街（旧名清水桥胡同）上，恭王府西侧。三座桥在今三座桥胡同北口，恭王府东南，也叫三转桥、海印寺桥、月桥、海子桥。三转桥，"三转"与"三座"可能是一音之转。[37] 海印寺桥，桥在明海印寺南。[38] 月桥是月河上的桥，月河是形如偃月，串联两个海子，起减水分流作用的河（《宋史·河渠志四》《元史·河渠志一》有这种用法）。[39] 海子桥，在海子西岸，与海子东岸的万宁桥相望。万宁桥的俗称也是海子桥。李广桥以上的蒋养房胡同（今新街口东街）和羊房胡同是今积水潭和什刹海的南岸，李广桥以下是柳荫街。柳荫街分

---

[35]《明史·地理志一》："又有玉河，源自玉泉山，流经大内，出都城东南，注大通河。"

[36] 东步粮桥、西步粮桥，亦作东布粮桥、西布粮桥，又称东不压桥、西压桥，一座在今地安门东大街，一座在今地安门西大街。"步粮""布粮"什么意思？或说与漕运粮食、布帛有关。"东不压""西压"什么意思？据说指皇城北墙或北墙前的路面压不压桥。玉河是得名于玉泉水，因与皇城供水有关，也叫御河。这些主要是明以来的叫法。

[37] 三转桥，见大英图书馆藏《京师内城图》和《京师内城骁骑营八旗堆拨分布图》。

[38] 徐苹芳《明清北京城图》后所附《明北京城复原图》（上海古籍出版社，2012年），于此标"海印寺桥。"

[39] 参看蔡蕃《北京古运河与城市供水研究》，141—150页。

东西两岔：东岔接前海西街，进了什刹海；西岔接龙头井街，继续向南走，早先都是河道。[40]

今什刹海体育运动学校是填湖修建，原来的湖叫"西小海"，用一道堤岸与前海隔开，即今荷花市场，西边叫"右海"，东边叫"左海"，1958年把右海填了，才有这个学校。西步粮桥也叫越桥，在今北海公园北门外，1972年拆了。越桥，指跨越西玉河的桥。越桥附近有响闸。民国时期出版的北京地图多把"响闸"标在分割前海和西小海的堤岸上，恐怕不对。《日下旧闻考》卷五四说响闸"盖越桥下闸"，应在越桥南。徐苹芳把"越桥"标在西步粮桥处，"北闸口"标在今先蚕坛北门内。[41]

元大都，大城有护城河，萧墙有绕墙河，一条绕北垣东段和东垣，一段绕北垣西段和西垣，还有一条在南垣内穿行。明代两玉河是扮演类似角色，但不完全相同。

东玉河，在万宁桥以东，从皇城北墙入，东墙出，徐苹芳《明北京城复原图》画得很清楚，与考古发现吻合。[42]但《元大都示意图》把它画成绕萧墙东北角，不详何据。

西玉河，在万宁桥以西，从西步粮桥下入太液池，北海进，南海出，经社稷坛西侧，与皇城南河会合，流到皇城东南角，最后与东玉河合流。[43]此河，《元大都示意图》不画。画的是作者理解的"金水河"，绕萧墙西北角。

万宁桥的位置很有意思，西步粮桥在其西南，东步粮桥在其东南，三点构成三角形，万宁桥是顶点。

二、中心台

"中心台：在中心阁西十五步，其台方幅一亩，以墙缭绕。正南有石碑，刻曰：'中心之台'，寔都中东南西北四方之中也，在原庙之前。"（《析》104页）

此条辑自《铸》，我核对过原本，《永》亦有之，最可信据，但《辑》引自《日下旧闻考》卷五四，脱"西"字。

---

[40] 参看侯仁之主编《北京历史地图集（文化生态卷）》的《北京旧城埋藏河道图》。

[41] 见徐苹芳《明清北京城图》后所附《明北京城复原图》。

[42] 见徐苹芳《明清北京城图》后所附《明北京城复原图》。

[43] 柳荫街南有龙头井街。此街与唐龙道村有关，早先是河道。其南口有龙头井、白马祠、白马关帝庙和药王庙。此药王庙与旧鼓楼大街北端的药王庙相对，也叫南药王庙。《日下旧闻考》两言此庙：一条是"（玉河）由北安门外药王庙西桥下入，经灵台宝钞司东，与护城河之西脉合流，过长安右门之北，经承天门前，再东过长安左门之北，自涌福阁会归于皇城之巽方而总出焉"（卷四二引《芜史》）；一条是"今药王庙东有桥名西步粮桥，玉河水由此入西苑。《春明梦余录》作在药王庙西，误。再地安门东有东步粮桥，即《芜史》所云北安门外文昌宫迤东步粮桥者是也"（卷四四）。案：《春明梦余录》本之刘若愚《酌中志》卷十七。

"中心台",此条称"在中心阁西十五步",可见阁在东而台在西。此台以"中心"为名,可见自当时人看,中心台是元大都的四方之中。王军引奉宽说,指出于敏中所说"中心台"(旧鼓楼大街北端,德胜门和安定门中间,明清北城中心的墩台)并非元中心台(王书95—96页),甚确。但王军不同意元中心台为元大都的中心点,只承认它与中心阁、齐政楼同在都城之中。他说的"中"不是一个点,而是一个面(王书85—98页)。以往讨论中心台,主要有两种意见,不是在中心阁以西(据《析津志》此条),就是在中心阁以东(据下引《大明一统志》)。王军推测,中心台应在今草厂胡同2、4、6、8号院的范围内,理由是那块地方地势比较高,像废弃的台子。最近唐晓峰问当地老住户,有位老人说,这一带北高南低,今万宁寺东南因屡拆屡盖积渐增高,并非原来的地面高度。

"中心阁",阁以台名,在万宁寺内,即元成宗、宁宗的影堂。

"其台方幅一亩,以墙缭绕","方幅"是正方形。意思是说,此台四四方方,恰合一亩大小,四周有短墙,如今地坛方泽坛。

"正南有石碑,刻曰:'中心之台'",此句多被误读,缘于不明体例。《析津志》语极简略,主语多承上省。"正南",主语承上省,指中心阁正南有石碑,而非中心台南有石碑。上文说成宗、宁宗原庙"在中心阁",可见中心阁即原庙,下文"在原庙之前",其实是在中心阁前,否则无法理解,为什么还要加这句话。但王军理解,"在原庙之前"的是"台"而不是"碑",而且要挪一挪,挪到庙的东南。

"寔都中东南西北四方之中也",意思是说中心台乃元大都的四方之中,而不是说立碑之处为元大都的四方之中。

万历本《顺天府志》卷一《古迹》:"中心阁:府西,元建。阁东,碑刻'中心台'。"乃节引旧志,语极简略。"府西"指中心阁在明顺天府以西,"元建"是说中心阁建于元代,"阁东"指碑在中心阁以东。此说与引文"正南有石碑"矛盾,应当怎样理解?我怀疑,此碑于明代已从阁南移到阁东,也就是今万宁寺内。当时,万宁寺西的中心阁已被废弃,万宁寺南的山门和山门以南也被民房夺占。

讨论

《日下旧闻考》有三条引文涉及中心台、中心阁，值得辨析。

第一条讲北中书省的位置，"其地在凤池坊北，钟楼之西，钟楼又在中心阁西，俱见《析津志》。按中心阁址为今之鼓楼……"（卷六四）。"北中书省"，中书省是元中央政府，省分南北，最初在北，后来在南。《析津志》讲中书省最详（《析》8—32页）：至元四年（1267年）立，初在"凤池坊北"（《析》8页）；二十七年（1290年），南迁，"在大内前东五云坊内"（《析》9页），始有南北之分。徐苹芳说，北中书省在凤池坊以北，今旧鼓楼大街北口外，北二环以北那一带；南中书省在五云坊，今劳动人民文化宫一带。[44] 但王锐英认为，这里的"凤池坊北"不是指"凤池坊的北方，而是在凤池坊的北部，就在凤池坊里面"。[45] "钟楼之西"，准确讲，是钟楼的西北；"钟楼又在中心阁西"，准确讲，是中心阁的西北。以上所言大体无误，惟按语以"中心阁址为今之鼓楼"则谬。中心台、中心阁，明初就已荡然无存，此乃推测之辞。今世学者把元钟鼓楼西移至旧鼓楼大街，实本于此，并非出自《析津志》。

第二条"中心阁：在府西，元建，以其适都城中，故名。阁东十余步有台，缭以垣，台上有碑，刻'中心台'三字。（《明一统志》）"（卷五四），此条出自《大明一统志》卷一《宫室》，"在府西"至"阁东"略同万历本《顺天府志》，但于"阁东"后妄加"十余步"，把"阁西十五步"变成"阁东十余步"；"台上有碑"句，亦无视碑"在原庙之前"，把阁南之碑误置中心台上。

第三条"中心台：在中心阁十五步，其台方幅一亩，以墙缭绕。正南有石碑，刻曰'中心之台'，实都中东南西北四方之中也。（《析津志》）"（卷五四），此条亦转引《析津志》而文字有误。对照原文，异文有二，一是"中心阁"后缺方位字，盖阁西、阁东，疑不能定，索性去之；二是删掉"在原庙之前"，以不明"正南"实指"原庙"前。

上述引文，《析津志》年代在前，《大明一统志》、万历本《顺

---

[44] 参看徐苹芳《元大都中书省址考》，收入《徐苹芳文集：中国城市考古学论集》，147—154页。

[45] 王锐英《北京中轴线上的桥梁》，174—176页。

天府志》和清《日下旧闻考》年代在后，后者多意引妄改，不可信据。

元万宁寺旧址，原有建筑屡经拆盖，范围、结构不明，除非拆迁后做考古发掘，难以复原，但相对位置可以推定。我怀疑，今庙的西、南两面均有所收缩，情况与今白塔寺的"瘦身"略同。元万安寺，本来很大，东至今赵登禹路南口，西至明朝天宫宫门口东岔，南至阜成门内大街，北至今安平巷。其东西两面均被民房挤占，只剩细长的中间一路，1997年复建前，南面被白塔寺副食品商场挤占，山门、钟鼓楼荡然无存。

三、万宁寺中心阁

"完者笃皇帝中心阁：正官，正月初八日……亦怜真班皇帝愍忌中心阁：〔正官，三月〕二十九日……"（《析》63—64页）

此条辑自《铸》，与万宁寺中心阁有关。

《析津志》讲原庙行香，哪些帝后的原庙在什么地方，有很多条。这两条跟万宁寺中心阁有关，很重要，我把它摘出来。观此可知，元成宗（完者笃皇帝）、宁宗（亦怜真班皇帝）的原庙在万宁寺中心阁。"亦怜真班皇帝愍忌中心阁"上文作"普颜笃皇帝愍忌普庆寺：正官，三月初三日"，括号中的字是我据上文补字。原文，参加行香仪式者有"正官"和"大小官"之别。"正官"参加，规格比较高。"愍忌"是死者的生日，成宗为正月初八日，宁宗为三月二十九日。

古书所谓"原庙"本指太庙以外的副贰之庙。元室本无太庙，只有影堂。太庙是汉地供奉祖宗牌位的地方，祖宗牌位集中在一块儿。蒙古人模仿汉族建太庙，仍保留影堂。元世祖至元四年（1267年）诏建太庙于燕京，十四年（1277年）诏建太庙于大都，十七年（1280年）告迁于大都新庙（在今朝阳门内大街路北）。太庙供列祖列宗牌位，原庙在京师诸寺分设影堂，如元世祖、裕宗的原庙在大圣寿万安寺（白塔寺），元成宗、宁宗的原庙在大天寿万宁寺（万宁寺）。

影堂是供奉帝后御容的地方。唐代已有此名，宋代也叫神御殿，元代两种叫法都有，如世祖影堂叫元寿殿，裕宗影堂叫明寿殿，成宗影堂叫广寿殿（《元史·文宗本纪四》）。万宁寺在钟楼前街（今钟鼓楼广场）东侧，成宗、宁宗影堂在万宁寺中心阁。万宁寺建于大德九年（1305年），见《元史·成宗本纪四》。

《日下旧闻考》引《图经志书》说中心阁在钟楼以东，《析津志》说中心阁在齐政楼（鼓楼）以东，其实当指钟楼东南、鼓楼东北，即钟楼前街东侧。我怀疑，中心阁可能在万宁寺西侧邻近钟楼前街的地方。

讨论

万宁寺旧址，在今草厂胡同12号。元设影堂多在偏殿，如万安寺，世祖影堂在正殿之西，裕宗影堂在正殿之东（《元史·五行志二》）。中心阁，想亦类似。我怀疑，明清万宁寺只是元万宁寺的一部分。

草厂胡同12号院，经实测，长约62.8米，宽约33米。其西侧有钟楼湾胡同84号院（石友三旧居），84号院以西还有60号院（据说，原住户姓阎）。

万宁寺，《乾隆京城全图》作万福寺，后避道光皇帝讳改万灵寺。20世纪30年代北平研究院调查万宁寺时，大南门内壁有琉璃绿边黑字"万灵寺"，万灵寺是道光元年（1821年）后的名字。当时东南角开有侧门，明代庙额在侧门，估计是后来安排，原先应在大南门。[46] 明万宁寺庙额还在，现藏北京大运河博物馆（首都博物馆东馆）。

四、钟鼓楼

1. "钟楼：京师北省东，鼓楼北。至元中建，阁四阿，簷三重，悬钟于上，声远愈闻之。"（《析》108页）

---

[46] 中国文化遗产研究院编《北平研究院北平庙宇调查资料汇编》（内五区卷），北京：文物出版社，2019年，502页。

此条辑自《日下旧闻考》，讲钟楼，兼及鼓楼。引文足以证明，钟楼是元代建筑。

"京师北省东，鼓楼北"，准确讲，是在京师北省东南、鼓楼正北。上引《日下旧闻考》云北省"在凤池坊北，钟楼之西，钟楼又在中心阁西"，正与此同。

"至元中建"，指钟楼的始建年代。钟楼与鼓楼是配套建筑，可能同时兴建。《日下旧闻考》卷三八引《元一统志》说"（至元）九年二月，改号大都，迁居民以实之，建钟鼓楼于城中"。其年代与万宁桥相近，而早于万宁寺。

"阁四阿，簷三重"，讲钟楼形制。

旧鼓楼大街向北延伸，正好平分今二环以北的大都北部。此街以西为凤池坊（凤池指海子），以东为金台坊（金台指中心台）。[47]凤池坊的位置，一向无争议。《元一统志》有金台坊，《析津志》无，疑已并入它东侧的灵椿坊。《北京历史地图集》之《元大都图》把金台坊标在凤池坊以东，应可信据。凤池坊在钟鼓楼以西、海子以北，与海子周边最热闹的地方相邻，不在元大都主体建筑的南北轴线上。

2. "钟楼之制，雄敞高明，与鼓楼相望。本朝富庶殷实莫盛于此。楼有八隅四井之号。盖东西南北街道最为宽广。"（《析》108页）

此条辑自《日下旧闻考》，讲钟楼，兼及鼓楼。

"钟楼之制，雄敞高明，与鼓楼相望"，大都钟鼓楼作南北向，与汉地传统不同。汉地传统，多左右排列，体现"晨钟暮鼓"，如明中都城、南京城和西安城皆如此。[48]

"本朝富庶殷实莫盛于此"，"本朝"指元朝。当时，这一带最繁华热闹。

"楼有八隅四井之号"，"楼"字承上省，兼指钟鼓楼。"八隅"，指二楼围墙作八角形或八边形（四正窄，四隅宽）。"四井"，古书

[47] 王军指出，金台坊是因坊有中心台而名（王书91—95页）。

[48] 因此有人认为，元大都是以中心台居中（在今钟鼓楼广场），鼓楼在西（在今旧鼓楼大街），钟楼在东（在今万宁寺一带），"中心阁即钟楼也"，如郭超《元大都的规划与复原》（北京：中华书局，2016年）157—164页。

查不到这种用法，或与楼基四正有坡道如井字形有关。二楼俯视图作哑铃状。我怀疑，中心台在钟鼓楼之间，相当"哑铃"的握手处。

"盖东西南北街道最为宽广"，指鼓楼居大都之中，瞰制全城：东有鼓楼东大街，西有鼓楼西大街，南有地安门外大街，北有钟楼街（分前街、后街），前抵今豆腐池胡同（合并旧娘娘庙胡同与豆腐池胡同，明代叫豆腐陈胡同），是元大都中心的"大十字"。元制，街分大小，大街宽24步，小街宽12步，往往比明代宽。

3. "齐政楼：都城之丽谯也。东，中心阁。大街东去即都府治所。南，海子桥、澄清闸。西，斜街过凤池坊。北，钟楼。此楼正居都城之中。楼下三门。楼之东南，转角街市，俱是针铺。西，斜街临海子，率多歌台酒馆。有望湖亭，昔日皆贵官游赏之地。楼之左右，俱有果木、饼饵、柴炭、器用之属。齐政者，《书》'璇玑玉衡，以齐七政'之义。上有壶漏鼓角。俯瞰城埋，宫墙在望，宜有禁。"（《析》108页）

此条辑自《日下旧闻考》，讲鼓楼四至。

"齐政楼"，即鼓楼。"齐政"指日月五星、二十八宿围绕北斗、斗极旋转，与"中心"的概念有关。下文有"《书》'璇玑玉衡，以齐七政'之义"。

"都城之丽谯也"，"丽"是华丽，"谯"是谯楼，乃城中制高点。

接下来以鼓楼为中心，讲它的四至。

"东，中心阁。大街东去即都府治所"，鼓楼东（准确讲是鼓楼东北）有中心阁，中心阁在鼓楼东大街西口的路北，过中心阁（准确讲是过中心阁南），沿鼓楼东大街往东是元大都路都总管府（也叫大都路总管府）。这是讲东。

"南，海子桥、澄清闸"，鼓楼正南有海子桥、澄清闸，即上文的万宁桥和万宁桥西的闸。这是讲南。

"西，斜街过凤池坊"，辑本"西"字连下读，王军于"西"下点断（王书59页）。点断是对的。鼓楼西大街是斜街。此街斜穿凤池坊，西南是海子北岸，最热闹。这是讲西。

"北，钟楼。此楼正居都城之中"，"此楼"承上省，当指鼓楼，而非钟楼（例同上"正南有石碑"句）。鼓楼是四条大街交汇的中心，楼下开三门，东南角有很多针铺。这是讲北。

"齐政者，《书》'璇玑玉衡，以齐七政'之义"，引《书》出《尧典》，王军为"书"加书名号，引文加引号（王书59页），更符合现代阅读习惯。"七政"指日月五星。

"上有壶漏鼓角。俯瞰城埤，宫墙在望，宜有禁"，指鼓楼高居大都之中，瞰制全城，包括宫禁之地。

东南西北四至可以卡定钟鼓楼的位置，足见"中心阁址为今之鼓楼"说不可信。王军力辩鼓楼非中心阁所在（王书59—69页），甚确。

4. "双青杨树大井关帝庙，又北去则昭回坊矣。前有大十字街，转西，大都府巡警二院；直西，则崇仁倒钞库；西，中心阁；阁之西，齐政楼也，更鼓谯楼。楼之正北乃钟楼也。"（《析》116页）。

此条辑自《日下旧闻考》，讲钟鼓楼与今鼓楼东大街上各组建筑的相对位置。

"双青杨树大井关帝庙"，疑今地安门东大街55号和57号的关帝庙即其旧址。

"又北去则昭回坊矣"，昭回坊在关帝庙以北。《元一统志》无昭回坊，《析津志》的昭回坊在灵椿坊南。

"前有大十字街"，指从昭回坊往北走，前面是今交道口，交道口有大十字街，其南北向大街是今安定门内大街和交道口南大街，东西向大街是今鼓楼东大街、交道口东大街和东直门内大街。

"转西"，从十字路口往西拐，路北今分司厅胡同、华丰胡同、豆腐池胡同以南，从东往西，依次为大都府、巡警二院、崇仁倒钞库、中心阁、齐政楼和钟楼。

"大都府巡警二院"，"大都府"即大都路都总管府，后来是明清顺天府所在，约当今北京教育学院东城分院一带（院内尚存顺天府大堂）。徐苹芳有专文考证，可参看。[49]"巡警二院"即警巡左院和右院，约当今小经厂胡同以西、北锣鼓巷以东。这是两个不同的官署，辑本连读则成从属关系，王军点断（王书89页）是对的。这两个衙署在今安定门内大街和北锣鼓巷之间，属元灵椿坊。北锣鼓巷以西是元金台坊。金台、灵椿二坊是左右关系，灵椿、昭回二坊是前后关系。《北京历史地图集》之《元大都图》对三者的处理应可信据。

"崇仁倒钞库"，此库在今北锣鼓巷和宝钞胡同之间，偏南，大约在今空军后勤部大院南部，大院北部是元宝钞库旧址，离崇仁门比较远。[50]

宝钞胡同以西是今草厂胡同、草厂东巷和草厂北巷。中心阁在万宁寺内，位置在草厂胡同以西。齐政楼、钟楼又在中心阁以西。齐政楼在西南，钟楼在西北。

讨论

上述引文是基础材料，王军多已涉及。通过阅读王军的新作，我把书中的元大都和现实的元大都遗迹复习了一遍，学到不少知识。我在北京生活这么多年，第一次深切体会到，什么叫"熟视无睹"，什么叫"历史就在你的脚下"。

五、总结

今北京城是以明清北京城为基础，明清北京城是继承元大都，元大都又是从金中都东北郊的苑囿发展而来。

钟鼓楼和万宁桥，青山御苑和元大内，在元大都的中轴线上。玄武池和太液池，兴圣宫和隆福宫，太社太稷、万安寺（白塔寺）、普庆寺、崇国寺、庆寿寺和都城隍庙，在大城西部。万宁寺和中心阁，国子监和宣圣庙（孔庙），崇真万寿宫（天师宫）、太庙和司天台，在大城东部。

---

[49] 徐苹芳《元大都路总管府址考》，收入《徐苹芳文集：中国城市考古学论集》，170—177页。

[50]《元史·世祖本纪》提到至元二十六年（1289年）"大都增设倒钞库三所"，《日下旧闻考》卷三八提到"顺承门里倒钞库"，卷五四提到"崇仁倒钞库"，所知如此，余未详。案：行用库有多种职能，倒钞只是职能之一，倒钞库是否等于行用库，不无疑问。

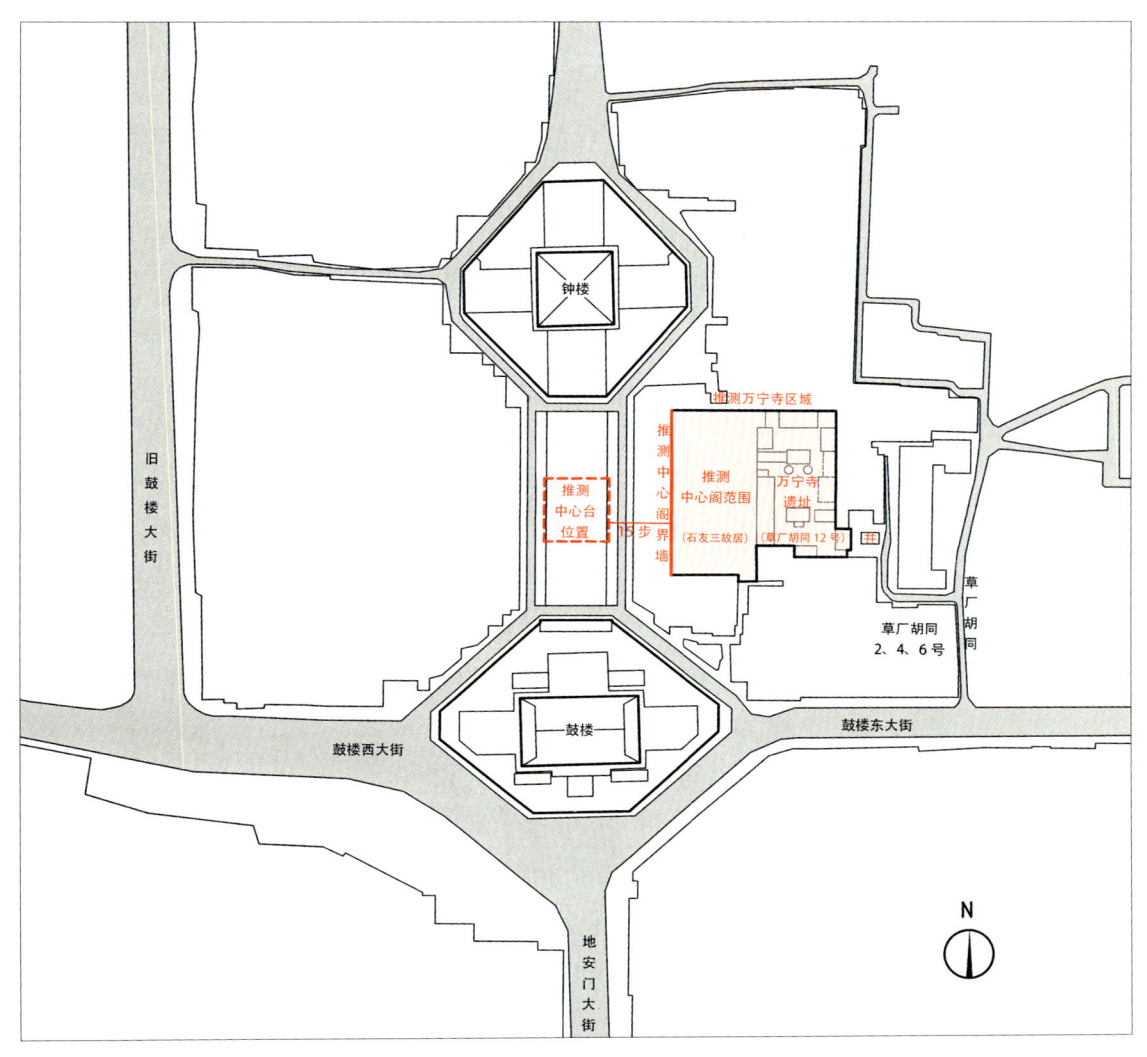

图五　钟楼、鼓楼、中心台和中心阁位置示意图　朴世禺绘

这座大城是按一个"大十字"全新设计：它的东西轴线很清楚，就是元大都和义门到崇仁门的轴线（即今西直门到东直门的轴线），南北轴线存在争议。原因是后者稍稍偏离几何划分的南北轴线，略向东移。

今世学者论元大都中轴线，向分两派：一派沿用"中心阁址为今之鼓楼"说，以元大都的几何中心点（城区四隅交叉线的中心点）作为东西南北之中，做总体挪移，把钟鼓楼挪到旧鼓楼大街，把中心阁挪到今钟鼓楼的位置；一派从元大都城市布局的实际出发，将主体建筑让出"二池"水域，沿钟鼓楼到万宁桥，万宁桥到厚载红门，厚载红门到丽正门，从北到南作一线排列，所谓南北轴线，既是平分东西城的轴线，也是纵贯元大内的轴线。

前说以朱偰、王璧文、侯仁之为代表。[51] 后说以朱启钤、阚泽、王灿炽为代表。岳升阳赞同后说。[52] 王军梳理过这些意见（王书25页注释27）。他属后一派，尤其推崇王灿炽。

我认为，从《析津志》的记载判断，二说当以后说为是。前说与《析津志》不符，且以南北轴线穿越水面，明显不合理。后说则以主体建筑的实际布局为出发点，更切合实际。但前说也有前说的内在逻辑。

元钟鼓楼在旧鼓楼大街，今钟鼓楼的位置应由中心阁来填充，这是主流意见。如元大都考古队的《元大都的勘查和发掘》就是这样安排。侯仁之主编的《北京历史地图集》也仍然保留其早期著作中的判断。赵正之、徐苹芳虽认为元明的中轴线是同一条（以景山山后钻探发现的道路为证），但仍相信今鼓楼的位置应为元中心阁，元钟鼓楼在它西边的旧鼓楼大街上。[53]

我理解，前辈学者之所以把元大都中轴线画在旧鼓楼大街上，恐怕与他们对中心台的理解有关。旧鼓楼大街北端有药王庙，庙在北城城墙下，正好位于德胜门和安定门中间两条马道的交会点上。[54] 清代学者曾把这样的中心台当作元大都的中心台。[55] 其说后起，误导学者久矣。王军指出，明清城垣，两门之间有八字形马道墙，会于中心台。这种中心台很多，与元大都的中心台实非一类（王书91—98页）。

元大都，重心在今二环以南，以北比较空旷，但北部确实是以旧鼓楼大街向北的延长线为平分东西的基准线。前说试图把这条延长线当平分大城的中轴线，但与主体建筑的中轴线发生矛盾，怎么办？陈平把南北中轴线分为南中轴线和北中轴线，北中轴线以旧鼓楼大街南口为一个中心（他认为是元中心台所在），向北画一道线；南中轴线则以今鼓楼的位置为中心（他认为是元中心阁所在），向南画一道线，一直到丽正门。他的"一城两中心、两条中轴线"说，就是折中上述二说。[56]

---

[51] 参看侯仁之《北平历史地理》，邓辉等译，北京：外语教学与研究出版社，2013年。案：侯先生旧有"明皇城、宫城东墙东移"说，因与考古发现不符，他已放弃。但他的"明钟鼓楼东移"说，至今人多从之。

[52] 岳升阳、马悦婷也反对"钟鼓楼在旧鼓楼大街"说，参看上揭二位所撰《元大都海子东岸遗迹与大都城中轴线》一文。

[53] 参看赵正之《元大都平面规划复原的研究》，《科技史文集》第2辑，上海：上海科学技术出版社，1979年；徐苹芳《古代北京的城市规划》，收入《徐苹芳文集：中国城市考古学论集》，66—76页。

[54] 旧鼓楼大街，北有药王庙，旧称药王庙街。此庙与地安门西大街的药王庙相对，也叫北药王庙。它的前身是个龙王庙，有顺治八年（1651年）洪承畴《重建龙王庙碑记》。张南金提示，碑铭中有"北城中心台前有龙王庙"语，见《北平研究院北平史宇调查资料汇编》（内五区卷），158页。

[55] 于敏中《日下旧闻考》卷五四："《析津志》所载中心阁、中心台旧迹俱无考。今旧鼓楼大街北城墙有中心台之名，盖元朝都城偏北，以鼓楼大街之中心台为东西南北之中也。"吴长元《宸垣识略》卷六袭其说。

[56] 参看陈平《古都变迁说北京——北京蓟辽金元明清古都发展轨迹扫描》，134—138页。

元中心阁与万宁寺是配套建筑，位置在钟楼前街以东。阁是附属于寺，位置可能在万宁寺西侧。这座供奉帝后御容的影堂，本来叫广寿殿，因为西邻中心台，才叫中心阁。阁是因台而名。

今钟楼和鼓楼，四周皆有八角形围墙，钟楼南墙和鼓楼北墙各有两端，四角连线是个近似长方形的场子。今钟鼓楼间距约97.9米，鼓楼北墙宽约30米，钟楼南墙宽约24.2米，广场宽度约25.3米。中心台方一亩，约合15.5步×15.5步（以5尺为步，240平方步为亩，240开方，每边长约15.49步）。元代官尺一尺约合35厘米，营造尺一尺约合31.5厘米。[57] 今以营造尺计算，台宽约24.4米，加上围墙，宽度可能略大，标在钟鼓楼之间，正合适。钟鼓楼加中心台是元大都的核心建筑，周围街市林立，最热闹。

今钟鼓楼广场，两旁有道，环绕钟鼓楼，1947年叫钟楼湾，1949年叫钟楼湾胡同。今胡同两侧的街面房，东西相距约47.4米。这一距离，减去广场宽度，还剩22.4米。22.4米两分，还剩11.2米，今道宽3.44米，在11.2米的范围内。据《析津志》，中心台在中心阁西"十五步"，约合23.6米。从距离判断，中心阁约在钟楼湾胡同84号（石友三旧居和它后面的花园）和60号院一带，东邻清万宁寺，西邻钟鼓楼广场。中心阁是供元代帝后御容的影堂，疑明代复兴，中心台因北城内缩已失去中心的地位，中心阁被拆毁，只有万宁寺东半的佛殿保存下来，成为清万宁寺（分前中后三殿）。

我把中心台放在中心阁正西的钟鼓楼之间，王军把中心台放在草厂胡同12号院东南的2、4、6、8号院（王书98页和99页：图甲5-9和5-10）。这是我和他看法不同的地方。

另外，清周篔《析津日记》云"天寿万宁寺在鼓楼东偏，元以奉安成宗御像者，今寺之前后皆兵民居之。从湢室而入，有穹碑二尚存，长各二丈余。西一碑国书，不可读，东一碑欧阳原功文，张起岩书，姚庆篆额，题曰'成宗钦明广孝皇帝作天寿万宁寺神御殿碑'。其北列明碑四，一为冯祭酒梦祯文，一为焦太史竑文"。"鼓楼东偏"指鼓楼东北。"湢室"，古书常以"庖湢"指侧室，"庖"是庖厨，"湢"是浴室。"从湢室而入"，只是因为前门被兵民搭建的屋舍堵占，不得已才把侧室改造成侧门，从侧门而入。我怀疑，

[57] 参看熊长云《元尺考》，《故宫博物院院刊》2023年第3期，68—81页，149页。

王军提到的山门（王书71页：图甲4-10）是后开的侧门，不是原来的山门，原来的山门在正南，即北平研究院调查资料中的"大南门"。两通元碑，原立中心阁前。西碑"国书，不可者读"，或即中心台碑。"国书"是八思巴文。元代国书碑，通常有对读的汉文，篆额亦用汉文，"不可者读"只是八思巴文。欧阳玄撰文的东碑则是中心阁碑。明碑立于元碑后。今草厂胡同12号院居民住房的地下仍埋有碑刻，如后殿前民房内的地板即嵌有一通残碑，背面无字，另一面朝下，到底是什么碑，还不清楚。

我期待，考古工作者能对万宁寺和万宁寺周边进行发掘，并盼上述碑刻早日出土（假如还在）。

总之，元大都的中轴线只有一条，就是丽正门到钟鼓楼的轴线。中心台虽稍稍偏离元大都的几何中心点，仍不失为元大都的东南西北之中。

2024年5月19日定稿于北京蓝旗营寓所

补记一：写作经过

此稿是王军《尧风舜雨——元大都规划思想与古代中国》的读后记，反复读，反复改，当作学习过程。

2021年4月7日，与故宫博物院的王军、王睿和北京大学的唐晓峰到钟鼓楼地区做初步考察，包括玉河遗址、万宁桥、火神庙、万宁寺、钟鼓楼等，7月3日写出初稿。

2022年2月14日和20日，与故宫博物院的熊长云、朴世禹、危文瀚两次到钟鼓楼地区考察（第一次，孟繁之、张鹿同行），考察地点除钟鼓楼、万宁寺、万宁桥，还包括钟鼓楼广场、周围街巷和石友三旧居。拙稿2月21日改定，以《北京中轴线：万宁寺、中心阁与中心台》为题投寄《读书》，见该刊2022年第5期，23—33页。这是旧稿，读书不够，调查不够，有疏漏，有错误，很不成熟。

2022年3月6日，与孟繁之、熊长云到北海、万宁寺考察，重点是鼓楼东大街。

2022年3月14日，与熊长云到地安门东大街元关帝庙旧址考察。

2022年10月29日，参加北京大学人文社会科学研究院组织的第二次考察，考察地点包括：元大都路都总管府遗址（顺天府大堂）、万宁桥、万宁寺、元太庙遗址（在清恒亲王府）、白塔寺及其周边、明朝天宫遗址、万松老人塔和天宁寺。回来后修改旧稿，新稿题目改成《〈析津志〉中的北京中轴线——万宁桥与万宁寺、中心台与中心阁、钟楼与鼓楼》，仍不满意。

2022年11月19日与熊长云、朴世禹、危文瀚再次到钟鼓楼地区考察，考察地点包括玉河遗址、龙头井街、前海西街、柳荫街、羊房胡同和什刹海南岸，回来后再次修改旧稿。

2022年12月2日，与熊长云、朴世禹、危文瀚到积水潭和积水潭附近考察，考察地点包括汇通祠、德胜桥和高梁桥，又对前稿做了一点修改。

2023年1月31日，与张南金访北海东岸水道（先蚕坛—画舫斋—濠濮间）。

2023年2月13日，与唐晓峰访故宫水道。

2023年4月9日，偕同学（王艺、王晓娟、陈彬彬、马轶男、李慎谦、熊长云、张南金）春游，乘船游长河（从紫竹院到颐和园），孟繁之、王瑞智同行。

2023年4月18日，与熊长云访汇通观、积水潭。

2024年3月1日，偕同学（王晓娟、张南金）访十三陵神道、定陵博物馆、白浮西周墓地和白浮泉遗址，王军、孟繁之同行。

2024年3月28日，偕同学（王晓娟、陈彬彬、张南金）春游，访两山公园、北坞公园和颐和园，考察金河、玉河水道。熊长云后至。

2024年5月6日，与王瑞智、张南金访中大安胡同、前半壁街、后广平胡同、前广平胡同、柳巷、前公用胡同、百花深处、护国寺（东西巷和金刚殿）、定阜街、旌勇里、小新开胡同10号、柳荫街、前海西街、前海北沿，然后去火器营桥访金河入长河处和乾隆金河堤碑，考察金河、玉河水道。

2024年7月3日，与张南金访华北协和语言学校、大慈延福宫、孚王府、西坝河、千斯坝、仓圣祠、普庆寺、宝禅寺、正法寺、翊教寺、普安寺、魁公府、护国双关帝庙、西四街楼。

语云，失败是成功之母。我说，错误是真理他爹。写作是个求知过程，改错才能趋近完善。每天，只要开机，我都会改，前后易稿，不知多少遍，每遍都有推进。

补记二：旧稿订谬

《析津志》佚文有句话，"天寿寺：在阁街东"（78页）。林梅村认为，旧鼓楼大街是《析津志》佚文提到的"阁街"，"阁街"是因比邻中心阁而得名。[58] 受该文误导，我曾以为天寿寺即大天寿万宁寺，阁街在万宁寺西，大谬。

10月30日王军来信指出，《析津志》此条前还有"观音寺：在天寿寺西""毗卢寺：在天寿寺西，开阳坊"（77页），此条后还有"万佛兴化寺：在天寿寺西北"（78页）。《日下旧闻考》卷三七引

[58] 林梅村《日月光天德，山川壮帝居——元大都中轴线古迹调查》，《文物》2021年第5期，56—71页。

《元一统志》，金中都南城有两开阳坊，西开阳坊和东开阳坊。可见此天寿寺在金中都城内，阁街是金中都的街名，与元大都城中的大天寿万宁寺无关。承他指教，非常感谢。

旧稿涉及"天寿寺""阁街"处，今悉删除。

补记三：云岩观和《真武庙重修碑记》

张南金提示，《析津志》寺观部分有云岩观，"在金水河西，与高□寺邻，有记略曰：君讳道盈……大德元年，云游至大都集庆里，得地二亩，建云岩观"（90—91页）。云岩观又见元宋褧《咏御沟》诗。集庆里，待考，疑在明积庆坊内。明积庆坊相当元代什么坊，有各种推测，《北京历史地图集》之《元大都图》标注"集庆坊"，不详何据。我怀疑，云岩观的位置可能在崇国寺以东，海子以西，与海子西金水河桥有关。

又南金告，今小新开胡同10号（旧小新开路12号）有清通明庵，前身是明真武庙。庙中有明碑二通，其一为明隆庆元年（1567年）《真武庙重修碑记》，碑文云"庙在织染所内，所在都城西北隅，南瞻玉阙，东跨金河，碧流经门，萦带千顷，诚虚一生水之象也"，[59] 我怀疑，金水河过新街口南大街后是从崇国寺北一直向东流，流到今柳荫街附近，然后傍着明西玉河的河道，沿柳荫街西岔，下接龙头井街，直奔元大内，海子西金水河桥也许就在今大小新开胡同的东侧，离柳荫街分岔处不远。

2024年5月6日，我们去小新开胡同10号实地考察，愈加坚信，海子西金水河桥可能就在附近。

金水河与河湖串联的高梁河（玉河）相伴相随，从城外到城内，一直都是高梁河在东，金水河在西，高梁河在北，金水河在南。

我想，最后一段也不例外。

补记四

最近，中国社会科学院考古研究所、北京市文物管理处编著

[59]《北平研究院北平庙宇调查资料汇编》（内五区卷），下册，644页。

的《元大都：1964～1974年考古报告》（北京：文物出版社，2024年3月）终于出版。

初步阅读，有三点引起我们的关注。

1. 报告对元大都中轴线的认识（第一册，第25页）。旧说，元大都中轴线即旧鼓楼大街。1956年，赵正之提出元大都中轴线即明清中轴线。元大都考古队从旧鼓楼大街南口一直往南钻探，从海子北岸到景山公园北墙下，又继续向南，在景山公园西部、故宫西部相应位置钻探，"没有发现任何路土痕迹"，因而认为"旧鼓楼大街以南不存在南北向的大街，实际上也就否定了以旧鼓楼大街南北一线为元大都中轴线的传统说法"。此后，考古队又在景山公园北墙外的明清中轴线上（行人便道）钻探，在距地表1.1米处发现了残宽约14米的道路遗存；在景山公园内寿皇殿南、景山北的位置钻探，距地表1.1—1.3米处，发现东西宽约28米的道路遗存。因此，"钻探结果证明，赵正之先生提出的元大都城中轴线即明清北京城中轴线，两者相沿未变的论点是正确的。元大都的中轴大街在景山公园内外发现，这对研究元大都城市规划是十分关键的资料"。

2. 报告对元大都金水河的认识（第一册，第39—43页）。为了确定金水河的走向，考古队进行过大规模钻探（包括34个钻探区域，编为金1—金34）。（1）入水口的发现：1964年在西直门南城墙下发现水涵洞，与文献相符，且周围其他地方"均未再发现有水涵洞"；（2）入水口至横桥的发现（金1—金5）：在距地表1.5—2.7米的位置有淤土层或冲积沙层，这5组钻探区域分别是南顺城街、南小街路西、老虎庙20号、半壁街、柳巷，五点连线可以确定从西往东流的河道；（3）横桥、今赵登禹路以东：考古队在今赵登禹路路东进行南北向钻探，也在前公用胡同八道湾钻探，均不见淤土层或冲积沙层，因此断定，河道只能顺沟沿（西河）南拐；（4）赵登禹路段，考古队默认金水河是沿着西河走，没有做钻探，到了政协礼堂南，才开始继续布探；（5）政协礼堂南至甘石桥的发现（金6—金15）：考古队的钻孔都钻到了河道遗存，明代《京师五城坊巷胡同集》中，咸宜坊有地名"小河槽儿"，执笔者徐苹芳认为是"已经废弃了的元代金水河故道";(6)甘石桥以后的发现(金16以后):河道分岔,一支向北,一支向东。以上即《元大都复原图》的金水河走向。但近来一些学者推测,金水河在柳巷东口与西河相遇后是跨河跳槽继续往东走(见正文)。实际上,这种渡槽形式的水道不会在地层堆积中留下淤土、冲积沙层等河流堆积物,《元大都》仅据堆积情况判断金水河河道的有无,需要商榷。

3. 报告有安定门煤场居住遗址出土的一件编号YM74F3:75的元代铜镜(第一册,第147页),铭文作:居仁(楷书)、为善最乐(篆书)。《元一统志》49坊有居仁坊和乐善坊,后者就是取自"为善最乐"。

2024年7月

"居仁、为善最乐"铜镜(YM74F3:75) 采自《元大都:1964~1974年考古报告》,北京:文物出版社,2024年3月,第147页,图4-5-14。

李零在北海画舫斋墙外　张南金摄　2023年

清代金河至南长河的入水口（火器营桥西北。画面中为清代金河河道，远处横向河道即南长河。自西向东拍摄） 李零摄 2024年

李零在火器营金河堤碑 张南金摄 2024年

什刹海通明庵故址门口　王瑞智摄　2024年
左至右为张南金、李零、本院住户

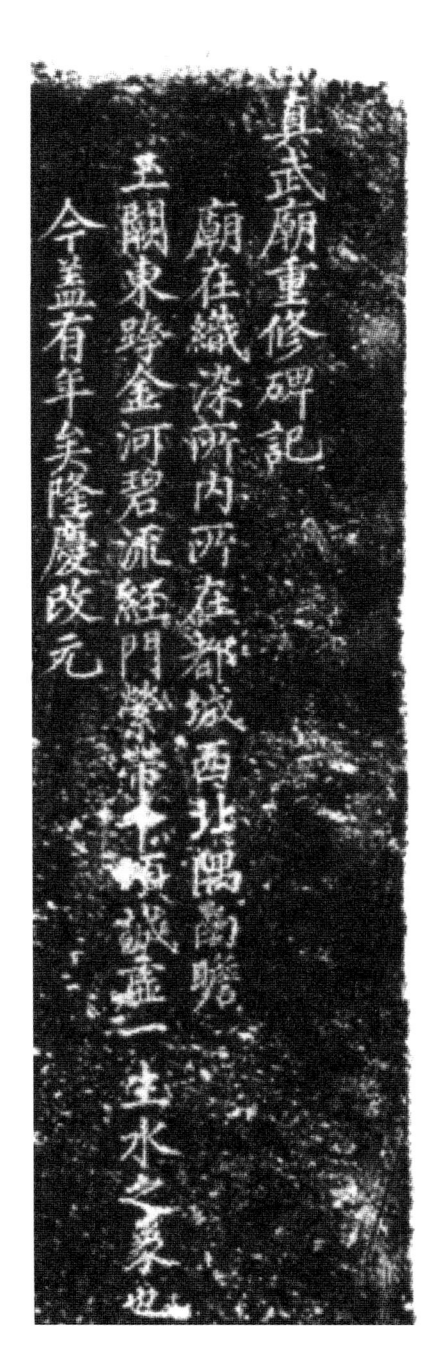

通明庵明隆庆元年（1567年）《真武庙重修碑记》 采自《北平研究院北平庙宇调查资料汇编》（内五区卷）

中山公园辽柏前　路人帮助拍摄　2023年
左至右为张南金、李零、陈彬彬、王晓娟

万宁寺故址附近　张南金摄　2022年
左至右为朴世禹、王军、李零

李零　元大都五十坊考

元大都50坊是附会"大衍之数五十，其用四十有九"（《易·系辞上》），见于《日下旧闻考》卷三八引《元一统志》，也叫虞集50坊。[1]《元一统志》49坊，居仁坊分东西，亦可视为50坊。《析津志》佚文提到的坊名有40个，15坊沿用《元一统志》旧名，[2] 25坊换用新名，[3] 前后变化很大。

《元一统志》创修于至元二十二年（1285年），至元三十一年（1294年）成书，大德七年（1303年）增补定名。《析津志》成书于至正十三年（1353年）后。前者比后者早，更能反映元代早期的坊巷格局，后者离明初比较近，明初坊名多沿用元代晚期。[4]学者讨论元大都50坊，主要是从明初逆推元晚期，讲的是元晚期的坊名。

元大都50坊是按元大都11门的干道划定区块，各有范围，门名是配后天八卦。

东三门配春三月：光熙门当东北艮，象晨光熹微，代表孟春；崇仁门当正东震，象日出东方，代表仲春；齐化门当东南巽，象万物化生，代表季春。[5]

南三门配夏三月：文明门当东南巽，象光被天下，代表孟夏；丽正门当正南离，象日丽中天，代表仲夏；顺承门当西南坤，象季夏转孟秋，代表季夏。[6]

西三门配秋三月：平则门当西南坤，平则犹平准，象平分四时，代表孟秋；和义门当正西兑，象日薄西山，代表仲秋；肃清门当西北乾，肃清犹肃杀，象阴盛阳衰，代表季秋。[7]

北二门，健德门代表乾卦，安贞门代表坤卦（以艮代坤），分居左右，而无中门（相当坎卦）。[8]

大内居中，四周也有坊巷环绕。

今以《元一统志》的坊名为主，与下述材料比较：

1. 北京图书馆善本组编《析津志辑佚》（北京古籍出版社，1983年）的40坊，简称《析》。

2. 侯仁之主编《北京历史地图集》（政区城市卷）之《元大都图》（北京：文津出版社，2013年，50—51页）的46坊，简称《元》。

[1]《日下旧闻考》卷三八引《析津志》："坊名：元五十，以大衍之数成之，名皆切近。乃翰林院侍书学士虞集伯生所立。外有数坊，为大都路教授时所立。"这套号称"虞集50坊"的坊名即《日下旧闻考》卷三八引《元一统志》所述。原书顺序为福田坊、阜财坊、金城坊、玉铉坊、保大坊、灵椿坊、丹桂坊、明时坊、凤池坊、安富坊、怀远坊、太平坊、大同坊、文德坊、金台坊、穆清坊、五福坊、泰亨坊、八政坊、时雍坊、乾宁坊、咸宁坊、同乐坊、寿域坊、宜民坊、析津坊、康衢坊、进贤坊、嘉会坊、平在坊、和宁坊、智乐坊、邻德坊、有庆坊、清远坊、日中坊、寅宾坊、西成坊、由义坊、居仁坊、睦亲坊、仁寿坊、万宝坊、豫顺坊、甘棠坊、五云坊、湛露坊、乐善坊、澄清坊，下文引用是按重新整理后的顺序。

[2]《析津志》所见坊名，有些仍然沿用《元一统志》的旧名，如《日下旧闻考》卷三八引《析津志》提到的13坊："福田坊在西白塔寺，阜财坊在顺承门内金玉局巷口，金城坊在平则门内，玉铉坊在中书省前相近，保大坊在枢府北，灵椿坊在都府北，丹桂坊在灵椿北，明时坊在太史院东，凤池坊在斜街北，安富坊在顺承门羊角市，怀远坊地在西北隅，太平坊、大同坊。"这13坊外，还有两坊也见于《析津志》。一是《日下旧闻考》卷三八引用的另一条《析津志》（见下注3），其中提到甘棠坊，二是徐氏铸学斋抄本《析津志》提到湛露坊，这两个坊也在虞集50坊之中。若加上这两个坊，共15坊。

光熙门（东北良坤）
崇仁门（正东震）

泰亨坊
同乐坊（或在此区位置不详）
寅宾坊

咸宁坊（存疑）
康衢坊（或在此区位置不详）
文德坊（存疑）
东居仁坊

大同坊（存疑）
进贤坊
西居仁坊（存疑）

安贞门（以良代坤）

平在坊（存疑）
丹桂坊
灵椿坊
玉铉坊
崇真万寿宫

五福坊（或在此区位置不详）
金台坊

甘棠坊（存疑）
智乐坊（或在此区位置不详）
凤池坊

健德门（乾）

乾宁坊（存疑）
邻德坊（或在此区位置不详）
津（存疑）

豫顺坊（存疑）
宜民坊（或在此区位置不详）
崇国寺
普庆寺
太平坊（存疑）

怀远坊（存疑）
和宁坊（或在此区位置不详）
由义坊
中坊
日

清远坊（存疑）
寿域坊（或在此区位置不详）
西成坊

肃清门（西北乾）
和义门（正西兑）

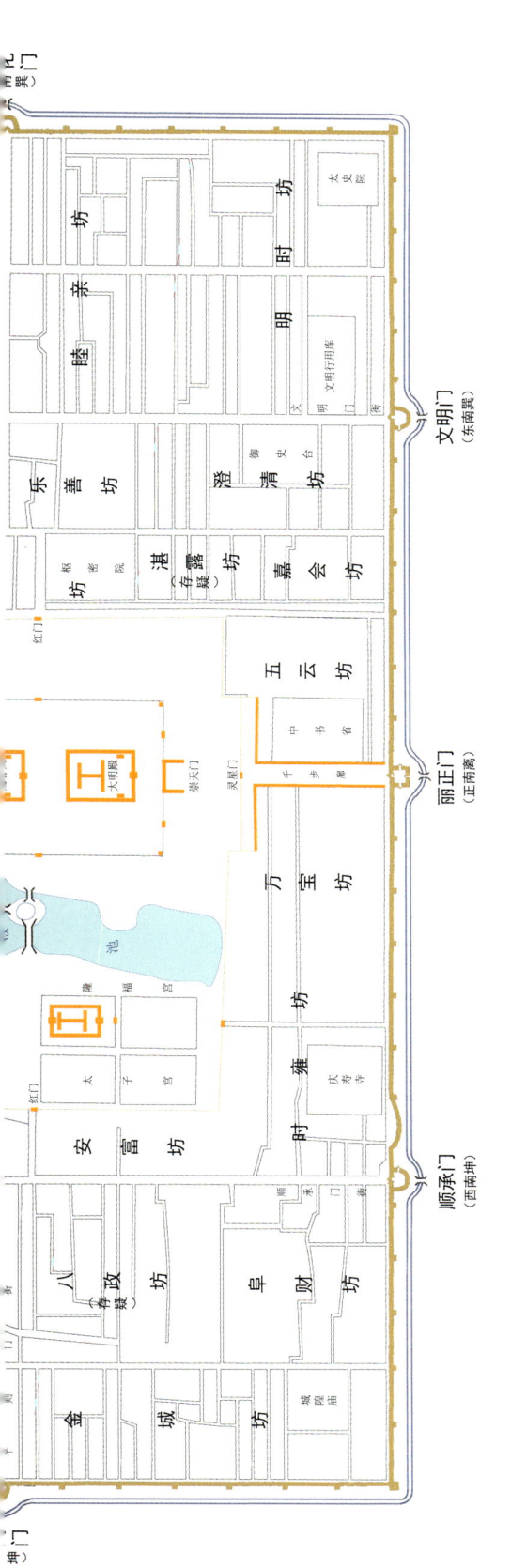

元大都五十坊复原示意图 张南金、许泽邦绘
侯仁之主编《北京历史地图集》（政区城市卷）之《元大都图》是本文讨论的基础，选择以此为底图，将本文元大都五十坊的复原意见标示其上。

金中都、元大都、明清北京城位置示意图 张南金、许泽邦绘

3. 徐苹芳编著《明清北京城图》之《明北京城复原图》（上海古籍出版社，2012年）的28坊，简称《明》。[9]

以下讨论，分南北两大部分。南部是明北京城保留的部分，分东、中、西、北四区。北部是明代废去的部分，分废一区、废二区两部分。

下列坊名是《元一统志》的坊名，坊名后的句子是原书列举的取名之由。句子后标两种符号，∨表示大体可靠，？表示仍有疑问。读者不难看出，大都南部，相对清晰，北部则比较模糊，特别是废一区。

我的复原，类似拼图游戏，既用串并法，也用排除法，反复尝试，反复调整，不敢以为必是，目的只是提供材料，提供思路。

元大都南部

东一区（2坊）

范围：崇仁门街（今东直门内大街）以北。下述二坊按东、西排列。

文德坊：按《尚书》"诞敷文德"，取此义以名。？

案："诞敷文德"，见《书·大禹谟》，[10]文配东，武配西。《析》无文德坊，有居贤坊，曰"国学东，监官多居之"。国学即国子监，监官是国子监的官员。这些官员多住在国子监以东。《易·渐》象传："山上有木，渐。君子以居贤德善俗。"居贤坊，一度是元集贤院所在。二名可能有关。《明》居贤坊分南居贤坊和北居贤坊，南北二坊都很大，元居贤坊只相当明北居贤坊。北居贤坊约在今北二环以南、东二环以西、雍和宫大街以东、东直门内大街以北。坊或分大小，大坊往往倍于小坊，或分东西，或分南北。《元》标居贤坊于国子监、孔庙以西，仅相当北居贤坊的西半。我怀疑，坊名"居贤"的"贤"指有文德之人，文德坊也可能在这一范围内。明有上林苑监。《日下旧闻考》卷七一引《春明梦余录》："上林苑监在皇城东东江米巷，南向。"又《明一统志》："上林苑监在文

[3]《析津志》所见坊名，有些与《元一统志》不同，如《日下旧闻考》卷三八引《析津志》："里仁坊在钟楼西北。发祥坊在永锡坊西。发祥坊西北大街，砖斗拱、扁溥光（零案：疑指坊门有砖斗拱，悬溥光题写的匾额。释溥光，元代书法家，善写匾额），最为年远。三相公寺前、善利坊、乐道坊、好德坊。招贤坊在翰林院西北。善俗坊在健德门。昭回坊，□都府南。居贤坊，国学东，监官多居之。鸣玉坊在羊市之北。展亲坊、惠文坊、草市桥西。请茶坊，海子桥北。训礼坊、咸宜坊，顺承门里倒钞库北。思诚坊、东皇华坊、明照坊与上相对。蓬莱坊，天师宫前。南薰坊，光禄寺东。甘棠坊、迁善坊、可封坊在健德门。丰储坊在西仓西。"这段话下有"臣等谨按：《析津志》所载里仁坊以下诸名，不列虞集五十坊名之内，其名或起元末，未可知也"，共25坊。其中甘棠坊在虞集50坊之内，应当与上引福田13坊归为一类，徐氏铸学斋抄本《析津志》提到抄纸坊，不在虞集50坊之内，也应归入此类。如果去掉甘棠坊，再加上抄纸坊，仍为25坊。又《日下旧闻考》卷三八引《析津志》讲大都商市，提到修文坊，曰"煤市，修文坊前"。此条叙在大都诸市后，与南城诸市并说，使人怀疑，此坊可能在大都城外。明正西坊有煤市街，正在前门外。我没有把此坊计算在内。

[4]《日下旧闻考》卷三八提到明初33坊："坊三十三：五云坊、保大坊、南薰坊、澄清坊、皇华坊、贤良坊、明时坊、仁寿坊、思诚坊、明照坊、蓬莱坊、湛露坊、昭回坊、靖恭坊、金台坊、灵椿坊、教忠（教忠坊）、居贤坊、寅宾坊、崇教坊，已上二十坊属大兴县。万宝坊、时雍坊、阜财坊、金城坊、咸宜坊、安富坊、鸣玉坊、太平坊、丰储

德坊玉河桥西，典簿厅附焉。"东江米巷即今东交民巷，《明》置上林苑监于玉河中桥以西，已在大都城外。元文德坊近崇仁门，明文德坊设于崇文门附近，可能与文明门改崇文门，而崇文门又模仿崇仁门有关。明初大兴20坊有贤良坊、居贤坊，疑其中一坊为北居贤坊，另一坊为南居贤坊。南居贤坊可能与居仁坊有关。

进贤坊： 取贤才并进之义以名。

案：《元》阙，《明》作崇教坊，坊之四至约在今北二环以南，雍和宫大街以西、安内大街以东、交道口东大街以北，即国子监、孔庙一带。今雍和宫大街，明代叫集贤街，是进贤、居贤二坊的分界线。国子监在孔庙西，南临成贤街，门曰集贤门。进贤坊和居贤坊是坊名相关的一组。明初大兴20坊有崇教坊。

东二区（4坊）

范围：崇仁门街和齐化门街（今朝阳门内大街）之间。下述四坊按东北、西北、东南、西南排列。

寅宾坊： 在正东，取《尚书》"寅宾出日"之义以名。

案："寅宾出日"，见《书·尧典》。寅宾的意思是迎接日出，代表正东。照理说，此坊应近崇仁门，位于此区东北。《元》以崇仁库居正东，移寅宾坊于西南，则与正东不合。其定位可能是据王璞子说。《日下旧闻考》卷四八引《说学集》云："京师寅宾里有无量寿庵者，居士屠君所建也……（至元）二十一年出己资七百贯，买地十亩于太庙之西，作无量寿庵。"王璞子认为，寅宾里即寅宾坊，元太庙在大慈延福宫，坊在庙西。[11]但他把元太庙定位于大慈延福宫，与《元》不同。崇仁库虽以崇仁为名，未必在崇仁门附近。崇仁倒钞库在万宁寺以东、警巡院以西，今宝钞胡同一带，北为宝钞库，南为倒钞库。[12]寅宾坊是否原在此区西南，我有点怀疑，或许后来位置有变动。《明》无寅宾坊，但明初大兴20坊有寅宾坊。

居仁坊： 地在东市，东属仁，取《孟子》"居仁由义"之言，分为东西坊名。

坊、发祥坊、日中坊、西城（成）坊，已上十三坊属宛平县。臣等谨按：此明初未建都以前北平府时所设规制也。"上述33坊，大兴20坊居东，宛平13坊居西，对坊名定位有一定帮助。宛平13坊，只有12坊，疑脱训礼坊。明代废弃的大都北部，估计约有18坊，两者相加，与元代的坊数相近。

[5] 光熙门配东北艮，艮与坤对冲。《易·艮》彖传："艮，止也。时止则止，时行则行，动静不失其时，其道光明。"光熙的意思正是光明，熙字又有"兴、起"之义，字亦作熹，即晨光熹微之熹。崇仁门配正东震，震与兑对冲。《易·说卦》："万物出乎震，震东方也。"《史记·太史公自序》："孔氏述文，弟子兴业，咸为师傅，崇仁厉（励）义。作《仲尼弟子列传》第七。"齐化门配东南巽，巽与乾对冲。《易·说卦》："帝出乎震，齐乎巽……齐乎巽，巽，东南也。齐也者，言万物之絜齐也。"齐化指万物化生，粲然大备。光熙门与平则门属四隅相对，崇仁门与和义门属四正相对，齐化门与肃清门属四隅相对。明废光熙门，改崇仁门为东直门，齐化门为朝阳门，仍保留朝东朝阳之义。

[6] 文明门配东南巽，巽与乾对冲。文明一词，见于《周易》乾、同人、大有、贲、明夷、革等卦彖传，多与乾主健、离主明有关。如《易·同人》彖传"文明以健，中正而应，君子正也"。丽正门配正南离，离与坎对冲。《易·离》彖传："离，丽也。日月丽乎天，百谷草木丽乎土。重明以丽乎正，乃化成天下。柔丽乎中正，故亨，是以'畜牝牛吉'也。"离卦重火，阳气最盛。顺承门配西南坤，坤与艮对冲，《易·坤》彖传有"乃顺承天"语，顺承有柔顺之义，这里指季夏转孟秋。顺承门与安贞门属四隅

案:"东市"是大都东部的闹市区,未必等于今东四。"居仁由义",见《孟子·尽心上》,仁属东,义属西,类似文配东、武配西。居仁坊在东市一带。《日下旧闻考》卷三八引《图经志书》云,旧枢密院有"羊角市",南薰、明照二坊有"角市",可能也属于东市。居仁坊的范围大约在今东直门内大街以南,与西二区的由义坊东西相对。东二区有东市,西二区有西市,亦东西相对。《析》无寅宾、居仁二坊,可能是漏掉。《元》置寅宾坊于居仁坊以南、居仁坊于崇仁库以西,似乎方位不对。《明》把居贤坊分为南、北二坊,北居贤坊在今雍和宫大街和东二环之间,南居贤坊在东四北大街和东二环之间。后者相当元寅宾坊和东居仁坊,东居仁坊以西照理还有一坊,《元》阙,《明》作教忠坊,疑即西居仁坊故地。教忠坊和崇教坊也是坊名相关的一组。明初大兴20坊有居贤坊、教忠坊。

穆清坊: 地近太庙,取《毛诗》"於穆清庙"之义以名。∨

案:"於穆清庙",见《诗·周颂·清庙》。坊近齐化门,在今朝阳门内大街以北,元太庙在此坊南部。《析》无穆清坊,只有思诚坊,并以大城东部的思诚坊、东皇华坊、明照坊与西部的训礼坊、咸宜坊相对。[13]"思诚"见《孟子·离娄上》,与"训礼"相对。疑思诚坊即穆清坊故地,东皇华坊、明照坊则在其南。《元》标穆清坊于齐化门附近,《明》标思诚坊也在齐化门一带,二者有对应关系。明初大兴20坊有思诚坊。

仁寿坊: 地近御药院,取"仁者寿"之义以名。∨

案:"仁者寿",见《论语·雍也》。坊在穆清坊以西,附近有御药院。仁代表东,寿与医药有关。《析》无仁寿坊,《元》标仁寿坊于寅宾坊西,《明》标仁寿坊于思诚坊西。明初大兴20坊有仁寿坊。

东三区(4坊)

范围:齐化门街以南。下述四坊按东北、西北、东南、西南排列。

相对,丽正门与大都北墙中央(相当坎卦)相对,但北墙不设中门,文明门与健德门属四隅相对。明改文明门为崇文门,丽正门为正阳门,顺承门为宣武门,南移,是以正阳门居中,左文与右武相配。

[7] 平则门配西南坤,坤与艮对冲。《周礼·夏官·大司马》:"均守平则,以安邦国。"这里指四时平分在季夏、孟秋之间。和义门配正西兑,兑与震对冲。《易·文言》:"利物,足以和义。"肃清门配西北乾,乾与巽对冲,指季秋肃杀,万物凋零。平则门与光熙门属四隅相对,和义门与崇仁门属四正相对,肃清门与齐化门属四隅相对。明改平则门为阜成门,和义门为西直门,废肃清门,《书·周官》:"六卿分职,各率其属,以倡九牧,阜成兆民。"阜成门的命名或与阜财、金城二坊有关,西直门与东直门相对。

[8] 健德门配西北乾,乾与巽对冲,刚柔相济。安贞门配东北艮,艮与坤对冲,阴阳互补。二门主于乾、坤二卦。《易·大有》象传:"其德刚健而文明,应乎天而时行,是以元亨。"健德门与文明门相对,这是健德门和文明门取名所自。《易·坤》:"元亨,利牝马之贞。君子有攸往,先迷,后得主,利。西南得朋,东北丧朋。安贞吉。"这是安贞门取名所自。健德门与文明门属四隅相对,安贞门与顺承门属四隅相对。徐达改健德、安贞二门为德胜、安定二门,南移,仍存初义。

[9] 《日下旧闻考》卷三七引《元一统志》列旧城62坊,与大都新坊属于完全不同的两个系统(只有咸宁坊重名)。郭超《元大都的规划与复原》(北京:中华书局,2016年)189—191页绘有三幅插图,一幅是"《元一统志》记载的元大都50坊空间分布示意图"(图59-1),

睦亲坊：地近诸王府，取《尚书》"以亲九族""九族既睦"之义以名。∨

案："以亲九族""九族既睦"，见《书·尧典》，是敦睦同姓之义。坊之四至约在今东二环以西，朝阳门内大街以南，东四南大街以东，金宝街以北。当时王府多集中于附近。《析》有展亲坊、惠文坊，曰"在草市桥西"。"草市桥"，《析》列库桥、崇仁桥后，与标注"西"字的囊八总管府桥有别，估计当在大城东部。"展亲"见《书·旅獒》《国语·鲁语上》，与"睦亲"含义相似。《析》有东皇华坊，既有东皇华坊，必有西皇华坊。"皇华"，典出《诗·小雅·皇皇者华》。《元》以东皇华坊当睦亲坊。《明》作黄华坊，比较大，估计还包括西皇华坊。西皇华坊或即展亲坊，附近可能还有惠文坊。明初大兴20坊有皇华坊。

乐善坊：地近诸王府，取汉东平王"为善最乐"之义以名。∨

案："为善最乐"，见《后汉书·东平宪王苍传》。坊在今东四南大街以西、王府井大街以东，与睦亲坊平行，亦多王府。此坊，《析》《元》《明》皆作明照坊。"明照"，意思是光明普照。如《易·离》象传："大人以继，明照于四方。"《礼记·经解》"天子者，与天地参，故德配天地，兼利万物，与日月并明，明照四海而不遗微小。"明初大兴20坊有明照坊。

明时坊：地近太史院，取《周易·革卦》"君子治历明时"之义以名。∨

案："君子治历明时"，与太史院掌司天台有关。坊在大城东南角，台在太史院内。《析》有明时坊，曰"在太史院东"。《元》《明》有同名坊。太史院在大城东南角，今中国社会科学院一带。明初大兴20坊有明时坊。

澄清坊：地近御史台，取澄清天下之义以名。∨

案：御史台在此坊。坊在明时坊以西。陈蕃、范滂有"澄清天下之志"，见《世说新语·德行》《后汉书·范滂传》。御史掌监察，主清廉，有澄清天下之义。《析》《元》《明》有同名坊。明初大兴20坊有澄清坊。

一幅是《析津志》记载的元大都50坊空间分布示意图"（图59-2），一幅是"元大都50坊名称变迁及其空间示意图"（图59-3）。郭书图59-1的50坊，不管位置是否合适，坊名不误。图59-2，《析津志》所见只有40坊，其他10坊是拼凑，其中咸宁、五云、万宝三坊是《元一统志》的坊名，不是《析津志》的坊名，东甘泉、西甘泉、常清、卢龙、仙露五坊是旧城62坊的坊名，与大都新坊无关。修文坊也不在大都城中。嘉祥坊，见《唐两京城坊考》，不解为何置大都坊名中。图59-3则以《析津志》为主，对图59-1和59-2做进一步拼合。

[10] 古人引《尚书》，除辨伪家，不别今古文，本文引用，也不加区别。

[11] 王璞子《梓业集——王璞子建筑论文集》（北京：紫禁城出版社，2009年）有两篇文章论大都城坊，内容略同，一篇是1—30页的《元大都城坊考》（原载《中国营造学社汇刊》第六卷第三期，1936年）；一篇是58—85页的《元大都城平面规划述略》（原载《故宫博物院院刊》总二期，1960年）。

[12] 见《日下旧闻考》卷五四引《析津志》："双青杨树大井，关帝庙。又北去，则昭回坊矣。前有大十字街，转西大都府巡警二院。直西，则崇仁倒钞库。"

[13]《日下旧闻考》卷三八引《析津志》："训礼坊、咸宜坊：顺承门里倒钞库北。思诚坊、东皇华坊、明照坊与上相对。"

中一区（3坊）

范围：大内东侧。下述三坊按北、中、南排列。

保大坊： 按传曰"武有七德，保大、定功"，以坊近枢密院，取此义以名。

案：《左传》宣公十二年："楚子（庄王）曰：……夫武，禁暴、戢兵、保大、定功、安民、和众、丰财者也……武有七德，我无一焉，何以示子孙？"《析》有保大坊，曰"在枢府北"。"枢府"即枢密院，掌天下军事，故以"七德"中的"保大"为坊名。坊之四至约在今地安门东大街以南、王府井大街以西、东黄城根南街以东、灯市口西街以北。《析》有蓬莱坊，曰"天师宫前"，"枢密院西为玉山馆，玉山馆西北为蓬莱坊、天师宫"，并提到"丙寅桥二，蓬莱坊西"。天师宫即元崇真万寿宫，在萧墙东北隅外。徐氏铸学斋抄本《析津志》："天师宫：在艮位鬼户上。"《海内十洲记》："艮位名山，蓬山镇于寅丑。"后天八卦艮位相当十二辰的丑位和寅位，可见蓬莱坊是因天师宫而得名，蓬莱坊应在保大坊以北。《元》置蓬莱坊于保大坊北、仁寿坊于蓬莱坊东，大体可信。大内东侧，《元》分三段，保大坊居中，蓬莱坊在保大坊以北，南薰坊在保大坊以南；《明》分两段，保大坊居北，南薰坊居南，无蓬莱坊。蓬莱坊可能环绕大内东北角。明初大兴20坊有保大坊、蓬莱坊。

湛露坊： 按《毛诗·湛露》，为锡宴群臣沾恩如湛露，坊近官酒库，取此义以名。

案：《湛露》为《诗·小雅》篇名，毛传以为"天子燕诸侯也"。《析》有同名坊。《元》阙而《明》有，坊近官酒库，疑与光禄寺酒坊桥有关。《日下旧闻考》卷一五五引《析津志》："枢密院南转西为宣徽院，院南（宣徽院南）转西为光禄寺酒坊桥。"徐氏铸学斋抄本《析津志》："通明桥：在光禄寺西，俗名酒坊桥。"明初大兴20坊有湛露坊。

嘉会坊： 坊在南方，南方属礼，取《周易》"嘉会"之义以名。

案：坊在此区最南。元燕京旧城有嘉会坊，与此同名。[14]《易·乾》文言解释乾卦，有"亨者，嘉之会也""嘉会，足以合礼"等语，坊名似与宴飨有关。《析》有南薰坊，曰"在光禄寺东"。《孔子家语·冠颂》引虞舜《南风歌》："南风之薰兮，可以解吾民之愠兮。南风之时兮，可以阜吾民之财兮。"《明》南薰坊约在皇城以东，今灯市口西街以南、王府井大街和台基厂大街以西、前门东大街以北。《元》标南薰坊，不标嘉会坊。明初大兴20坊有南薰坊。

中二区（2坊）

范围：大内前。下述二坊按东、西排列。

五云坊： 大内前左千步廊，坊门在东，与万宝对立，取唐诗"五云多处是三台"之义。∨

案："五云多处是三台"，见杜甫《送李八秘书赴杜相公幕》，诗中"三台"指三台星（分上、中、下三台），代指尚书（中台）、御史（宪台）、谒者（外台），这里则指元中书南省。《析》有同名坊。坊在大内南的左千步廊，今劳动人民文化宫一带。明初大兴20坊有五云坊，后省。

万宝坊： 大内前右千步廊，坊门在西，属秋，取"万宝秋成"之义以名。∨

案："万宝秋成"，见《庄子·庚桑楚》，原作"正得秋而万宝成"。《析》有同名坊，在大内南的右千步廊，今中山公园一带。明初宛平13坊有万宝坊，后省。

中三区（3坊）

范围：大内西侧。下述三坊，按北、中、南排列。

有庆坊： 按《尚书》"一人有庆，兆民赖之"，取其义以名。？

案："一人有庆，兆民赖之"，见《书·吕刑》，"庆"作动词，意思是贺喜，作名词，则指可喜可贺之事。《明》有积庆坊，环绕

---

[14] 王岗《元大都新旧两城坊名略考》，《首都博物馆丛刊》第23辑（北京：北京燕山出版社，2009年）42页。

皇城西北隅，包括大内北侧的西段。今平安大道北侧、厂桥一带，或即此坊。《明》积庆坊，《元》作集庆坊，元有集庆里（见《析》云岩观条），或由此推论。《易·文言》解释坤卦，有所谓"积善之家必有余庆，积不善之家必有余殃"等语，"积庆"常与"兴善"并举，是累积功德而有福佑之义。明积庆坊可能环绕大内西北角。

安富坊：取《孟子》"安富尊荣"之义以名。∨

案："安富尊荣"，见《孟子·尽心上》。《析》有同名坊，曰"在顺承门羊角市"。《元》置安富坊于大内西侧南段。《明》安富坊袭其地。坊在西红门外，今西四南大街以东、西黄城根南街以西。明初宛平13坊有安富坊。

时雍坊：取《尚书》"黎民于变时雍"之义以名。∨

案："黎民于变时雍"，见《书·尧典》，指百姓知时节变换乃能安处。《析》有同名坊。《明》分大小时雍坊，小时雍坊在大内西侧、安富坊南，大时雍坊已在大都城外。明初宛平13坊有时雍坊。

西一区（1坊）

范围：和义门街（今西直门内大街）以北，今北二环以南。

日中坊：地当市中，取"日中为市"之义以名。∨

案："日中为市"，见《易·系辞下》。《日下旧闻考》卷三八引《图经志书》："斜街市在日中坊。"日中坊似指今鼓楼西大街一带的闹市区。《析》无日中坊，《元》阙。《明》置日中坊于西直门内大街以北，今积水潭南岸，坊东另标日忠坊。日忠坊在凤池坊，并包括凤池坊前的后海，以及后海南岸的一部分。日忠坊可能是从日中坊分出。徐氏铸学斋抄本《析津志》三次提到抄纸坊，一次是"会川闸二：在西水门外。水由北方入城，万亿库泓渟，东出抄纸坊"，一次是"高梁河：原（源）出昌平县山涧。东南流至高梁店，经宛平县境，由和义门北水门入抄纸坊泓渟，逶迤自东坝流出高梁，入海子内，下万宁闸，与通惠河合流，出大兴县潞河"，一次是"高梁河桥：自西来，流于东，入万亿库桥，过抄纸坊下闸"。抄纸坊应在明日中坊一带，或即日中坊的俗称。《析》又有请茶坊，曰"海子桥北"，则可能与明日忠坊有关。明初宛平13坊只有日中坊，似兼日忠坊之地。

西二区（4坊）

范围：和义门街和平则门街（阜成门内大街）之间。下述四坊按西北、北部中间、南、东北排列。

西成坊： 在正西，取《尚书》"平秩西成"之义以名。∨

案：《书·尧典》："分命和仲，宅西，曰昧谷。寅饯纳日，平秩西成。""寅饯纳日"与"寅宾初日"相反，是告别日落。"平秩西成"，指四时之序，轮到"秋收冬藏"的"秋收"，收功于西。此坊位置既曰"正西"，照理讲，似乎应在和义门附近，西直门内大街以南，离和义门行用库不远。我怀疑，和义门行用库即元万斯仓所在。《析》有丰储坊，曰"在西仓西"，"西仓"疑即万斯仓（相当明西新仓）。丰储坊或在万斯仓以西，也可能是西成坊的异名。但《元》标由义坊于和义行用库西、西成坊于由义坊南，西成坊不在正西，反而在由义坊南。这一安排可能是参考王璞子说。明《普安寺重修碑记》有"西成坊古刹普安寺"语，普安寺也叫翊教寺，在今西城区育教胡同27号。王璞子据此断定，西成坊"应在西四牌楼一带"。《明》把西直门与阜成门之间地一分为三，朝天宫西坊和河漕西坊在西河以西，鸣玉坊在西河以东，无西成、由义二坊，只有西成坊草场，标在广平库下，但明初宛平13坊有西成坊。

由义坊： 西方属义故。∨

案：寅宾、西成二坊是正东、正西相对，居仁、由义二坊也是东、西相对，但寅宾坊与居仁坊的相对位置，西成坊与由义坊的相对位置，却是值得讨论的问题。元《汉义勇武安王祠碑记》云"都城西市旧有庙"，武安王祠即护国双关帝庙，在今西城区西四北大街167号、甲167号，犹存。王璞子据此断定，由义坊也在西四一带。[15]但他引用的《析津志》是误引，今查《析津志》佚文，并无由义坊"在西市"语。

福田坊： 坊有梵刹，取福田之义以名。∨

案："福田"，分敬田（敬三宝之德）、恩田（报君父之恩）、悲田（怜贫者），是佛教术语。《析》有同名坊，曰"在西，白塔寺"，白塔寺在西河以西。"坊有梵刹"就是指白塔寺。白塔寺背后是元社稷坛（太社太稷），明朝天宫就是建在它的废墟上。《析》有鸣玉坊，曰"在羊市之北"，其名出自《国语·楚语下》"赵简子鸣玉以相"，"羊市"应即《日下旧闻考》卷三八引《图经志书》所载鸣玉坊的"羊角市"（咸宜坊也有"羊角市"）。鸣玉坊似从福田坊分出，专指福田坊西河以东的部分。此区，《明》分三坊，鸣玉坊居西河以东，河漕西坊和朝天宫西坊居西河以西，河漕西坊指白塔寺一带，朝天宫西坊指朝天宫以西。明初宛平13坊有鸣玉坊。

太平坊： 取"天下太平"之义以名。？

案："天下太平"是古之盛世，如《吕氏春秋·大乐》"天下太平，万物安宁"，《大戴礼记·朝事》"是故诸侯附於德，服於义，则天下太平"。《析》有同名坊，无说。《元》置此坊于大承华普庆寺一带。《明》置普庆寺于鸣玉坊，东南有太平仓。明初宛平13坊有太平坊。

西三区（3坊）

范围：平则门街以南。下述三坊按西、东北、东南排列。

金城坊： 取"圣人有金城"、金城有坚固久安之义以名。∨

案：《汉书·贾谊传》："圣人有金城者，比物此志也。"五行金配西。坊在大城西南，《明》金城坊袭其地。《析》有同名坊，曰"在平则门内"。明初宛平13坊有金城坊。

八政坊： 地近万斯仓八作司，取《洪范》"八政，食货为先"之义以名。？

案：《书·洪范》的原文是"八政：一曰食，二曰货，三曰祀，四曰司空，五曰司徒，六曰司寇，七曰宾，八曰师"。《析》无此名，但提到"训礼坊、咸宜坊：顺承门里倒钞库北"，又"马市桥，水自东流入咸宜坊，西至囊八总管府桥（零案："西"字疑属上读）、顺城门石桥，转东隆福宫桥，流入于太液池"，"西囊八总管府桥

---

[15] 王璞子《元大都城坊考》，112页。

管帝师钱粮"。《诗·商颂·那》："受命咸宜,百禄是荷。"训礼、咸宜二坊之名可能与守礼为政有关。疑"万斯仓八作司"与咸宜坊一带的"西襄八总管府"有关,"西"指大都西部,"襄"是往昔,疑训礼、咸宜二坊即八政坊故地,位于顺承门倒钞库以北。《明》大河漕以东、小河漕以南和西斜街西南绘有八九条南北巷,疑即其地。明初宛平13坊缺一坊,有咸宜坊而无训礼坊,疑所缺即训礼坊。

阜财坊： 坊近库仓,取虞舜《南风歌》"阜民财"之义以名。∨

案：《孔子家语·冠颂》引虞舜《南风歌》的后两句是"南风之时兮,可以阜吾民之财兮"。此坊在大城西南角,与东三区的南薰坊含义相关。《析》有同名坊,"在顺承门内金玉局巷口",疑坊在顺承门街以西。《明》阜财坊袭其地。"坊近库仓",疑指坊近顺承门行用库。明改平则门为阜成门。《书·周官》确有"阜成兆民"语,但新名恐怕与此地故有阜财、金城二坊有关。明初宛平13坊有阜财坊。

北一区（3坊）

范围：今北二环以南,鼓楼东大街和鼓楼西大街以北。下述三坊按东、中、西排列。

灵椿坊： 取燕山窦十郎"灵椿一株老"之诗以名。∨

案："燕山窦十郎",五代窦禹钧,家住燕山,人称窦燕山,教子有方,五个儿子先后中进士。冯道诗："燕山窦十郎,教子有义方,灵椿一株老,丹桂五枝芳。"《三字经》亦云"窦燕山,有义方。教五子,名俱扬"。《析》有灵椿坊,"在都府北",都府即大都路总管府,《元》灵椿坊在大都路总管府和警巡院以北。《明》灵椿坊袭其地。明初宛平13坊有灵椿坊。

金台坊： 按燕昭王筑黄金台以礼贤士,取此义以名。∨

案：坊在钟鼓楼、中心台、中心阁一带。元燕京旧城有金台坊,与此同名。[16]《析》无金台坊,《明》有。明初宛平13坊有金台坊。

凤池坊： 地近海子，在旧省前，取凤凰池之义以名。∨

案：《析》有同名坊，"在斜街北"。《元》作凤池坊。《明》曰忠坊袭其地而扩大之，范围不仅包括凤池坊，还包括凤池坊前的海子和海子南岸地。"地近海子"，指坊在海子东北。"在旧省前"，指海子在中书北省前。中书省最初设于此，南迁后，旧省称北省，新省称南省。"凤凰池"，魏晋南北朝设中书省于禁苑，称中书省为"凤凰池"，这里指中书北省所在。

北二区（2坊）

范围：今平安大道以北，鼓楼东大街和鼓楼西大街以南，交道口南大街以西，新街口北大街和新街口南大街以东。下述二坊按东、西排列。

玉铉坊： 按《周易·鼎》"玉铉大吉"，以坊近中书省，取此义以名。∨

案：坊在金台坊南、万宁桥西。《易·鼎》："上九，鼎玉铉，大吉，无不利。"玉铉本指横穿鼎耳，用以扛鼎的杠子，这里疑指海子水横穿万宁桥，流为东玉河。《析》有玉铉坊，曰"在中书省前相近"，"中书省"即中书北省，省在凤池坊，所谓"前相近"指离凤池坊东南角很近，属于斜对角；又有昭回坊，曰"□都府南"，阙文当补"在"字，指位于大都路总管府以南。《元》无玉铉坊，置靖恭、昭回二坊于此。《诗·小雅·小明》："靖恭尔位，好是正直，神之听之，介尔景福。"《诗·大雅·云汉》："倬彼云汉，昭回于天。"疑指斗居中位，星河随斗转而回旋于天。《明》昭回靖恭坊似兼二坊地。明初宛平13坊有昭回、靖恭二坊。

析津坊： 燕地分野，上应析木之津，地近海子，故取析津为名。？

案：燕地分野，上应天星，为析木之津。析木是十二星次之一，配二十八宿的尾、箕二宿，析木之津是尾、箕二宿之间的银河，也叫汉津，见《国语·周语下》《尔雅》《汉书·地理志下》等古书。这里"析津"指海子。《析》无析津坊。《元》置析津坊于

[16] 王岗《元大都新旧两城坊名略考》，《首都博物馆丛刊》第23辑（北京：北京燕山出版社，2009年）42页。

西河上源（断流，以虚线表示）以东，积水潭和后海西南岸。析津坊以南，河漕以东，从西到东横陈四坊：太平坊在普庆寺一带，位于新街口南大街以西；发祥坊在崇国寺一带，位于新街口南大街以东；永锡坊在发祥坊东，丰储坊在永锡坊东。发祥、永锡二坊，位置可能近是，丰储坊未必在这一带。《析》称发祥坊"在永锡坊西。发祥坊西北大街，砖斗拱、扁溥光，最为年远"。"发祥坊西北大街"，疑即今新街口南大街。"发祥"，《诗·商颂·长发》有"濬哲维商，长发其祥"句。"永锡"，《诗·大雅·既醉》有"孝子不匱，永锡尔类"句。《明》置发祥坊于今新街口南大街以东、新街口东街和羊房胡同以南、柳荫街以西、平安大道以北，似兼发祥、永锡二坊之地。明初宛平13坊有发祥坊。

元大都北部

废一区（9坊）

范围：今北二环以北，光熙、肃清二门轴线以南。上述31坊，方位可考者居多。此外18坊，可分两类。一类多取吉语为名，与安居乐业、享福享寿有关，一类多取卦义为名，与怀柔远人、安定天下有关。以下9坊属于前一类，今置这一横排，大体合理，但顺序不一定对。

同乐坊： 取《孟子》"与民同乐"之义以名。？

案："与民同乐"，见《孟子·梁惠王下》。《析》无，《元》阙。

康衢坊： 取尧时老人击壤康衢之义以名。？

案："尧时老人击壤康衢"，见《列子·仲尼》。《析》无，《元》阙。

丹桂坊： 取燕山窦十郎教子故事"丹桂五枝芳"之义以名。∨

案：《析》有同名坊，曰"在灵椿北"。《元》置此坊于灵椿坊以北，应可信据。

五福坊： 坊在中地，取《洪范》"五福"之义以名。？

案：《书·洪范》："五福：一曰寿，二曰富，三曰康宁，四曰攸

（修）好德，五曰考终命。"此排以五福坊居中，左右坊名多与五福有关。《析》无五福坊，而有招贤坊，曰"在翰林院西北"，《元》置招贤坊于金台坊西北、翰林院以北，亦位于大都中部。坊名"招贤"似与翰林院的职能有关。

智乐坊： 地近流水，取"智者乐水"之义以名。?

案："智者乐水"，见《论语·雍也》，"智"作"知"。"地近流水"，疑在积水潭北。《析》无，《元》阙。

邻德坊： 取《论语》"德不孤，必有邻"之义以名。?

案："德不孤，必有邻"，见《论语·里仁》。《析》有里仁坊，曰"在钟楼西北"，疑即此坊异名。《元》置里仁坊于健德门街和肃清门街交叉路口的东南角，无邻德坊。

宜民坊： 取《毛诗》"宜民宜人"之义以名。?

案："宜民宜人"，见《诗·大雅·假乐》。《析》无宜民坊。

和宁坊： 取《周易》"保合太和，万国咸宁"之义以名。?

案：坊名与乾卦有关。乾卦是西北之位。《易·乾》原文作"乾道变化，各正性命，保合太和，乃利贞。首出庶物，万国咸宁"。《析》无，《元》阙。《道园学古录》卷四二引虞集《襄敏杨公神道碑》云："至元十〔二〕年，始大城京师于大兴故城之北，中为天子之宫，庙社朝市，各以其位，而贵戚功臣悉受分地，以为第宅。式腊公得建地（第）和宁里，在内朝之西北，于朝谒为近，惜乎不得年以卒。"王璞子认为，和宁里即和宁坊，位置在元大内西北。[17]

寿域坊： 取杜诗"八荒开寿域"之义以名。?

案：杜甫《上韦左相二十韵》："八荒开寿域，一气转洪钧。""寿域"是人人得尽天年的太平盛世。《析》无，《元》阙。此外，《元》标"永福坊"于肃清门街以南、万亿库以东，是个《元一统志》《析津志》都没有的坊名。此名唯见于1965年北京桦皮厂北口明代北城墙墙基下发现的元《万宝寺庙产执照刻石》。[18]

废二区（9坊）

范围：光熙、肃清二门轴线以北，大都北墙以南。以下9坊多与怀柔远人、安定四方之义有关，属于上述第二类，今置这一横

---

[17] 王璞子《元大都城坊考》，112页。
[18] 中国科学院考古研究所元大都考古队、北京市文物管理处元大都考古队《记元大都发现的八思巴字文物》，《考古》1972年第4期，54—56页。这条材料是承张南金提示。

排，大体合理，但顺序不一定对。元大都北门以健德、安贞为名，是配乾、艮二卦，艮与坤对冲，相当坤。[19] 徐达改安贞门为安定门，健德门为德胜门，南移，仍保留其最初含义。

泰亨坊：地在东北寅方，取泰卦"吉亨"之义以名。∨

案：坊名与泰卦有关。《易·泰》："泰，小往大来，吉亨。"泰卦的卦象是乾下坤上，象阴降阳升，阴阳交泰。寅方是用十二辰标方位，指东北，季冬和孟春都在东北隅。《析》无，《元》置泰亨坊于大城东北角，安贞门街以东只标此坊。

咸宁坊：取《尚书》"野无遗贤""万国咸宁"之义以名。？

案：坊名与咸卦有关。咸卦的卦象是艮下兑上，象山泽通气，阴阳交感。《易·咸》象传对咸卦的解释是："咸，感也。柔上而刚下，二气感应以相与。止而说，男下女，是以'亨利贞，取女吉'也。天地感而万物化生，圣人感人心而天下和平。观其所感，而天地万物之情可见矣。""野无遗贤"，见《书·大禹谟》。"万国咸宁"，见《书·周官》。《析》有此坊，《元》阙。[20]元燕京旧城有咸宁坊，与此同名。[21]

大同坊：取"四方会同"之义以名。？

案：《析》有同名坊，无说，《元》阙。疑泰亨、咸宁、大同三坊为一组，在安贞门街以东。安贞门是配艮卦，与坤卦对冲，艮有止义，坤有顺义。《易·坤》："元亨，利牝马之贞。君子有攸往，先迷，后得主，利。西南得朋，东北丧朋。安贞吉。"此安贞门取名所自。安训宁，贞训定，明易安贞为安宁，意思相似。

平在坊：坊在北方，取《尚书》"平在朔易"之义以名。？

案：《书·尧典》："申命和叔，宅朔方，曰幽都，平在朔易。""平在朔易"是讲时令变换轮到北方，"朔"指朔方，朔方即北方。《元》标此坊于南北平分线以西。

甘棠坊：按燕地乃周召公所封。诗人美召公之政，有《甘棠篇》，取此义以名。？

案：坊名与召公分封有关，召公封于燕地，属北方幽州，坊名也与北方有关。《析》有善俗、甘棠、迁善、可封四坊，皆曰"在

[19] 参看《日下旧闻考》卷三十引《西濛野话》："元建国曰大元，取大哉乾元之义也。建元曰至元，取至哉坤元之义也。殿曰大明，曰咸宁。门曰文明，曰健德，曰云从，曰顺承，曰安贞，曰厚载，皆取诸乾、坤二卦之辞也。"下附朱昆田案语云："元之建国、建元以及宫、门之名，多取《易》乾、坤之文，顾于二卦之外，若屯、蒙、师、剥、离、困、睽、革、渐、升、无妄、大小过，禁群臣笺表不得用，用则驳之。"

[20]《日下旧闻考》卷一五九引《元典章》有"节妇魏阿张，大都路左警巡院咸宁坊人"。这段话应怎样理解？承张南金告，他与北大历史系元史硕士生鸿格尔卓兰讨论，节妇魏阿张应是大都路左警巡院管辖下的咸宁坊人。案：大都左右，东为左，西为右。咸宁坊本身不在大都路左警巡院一带，但居民户籍归左警巡院管。我推测，咸宁坊在大都东部，正与此合。

[21] 王岗《元大都新旧两城坊名略考》，42页。

健德门"，有些可能在健德街以东，有些可能在健德门街以西。《元》标可封坊于健德门街以西、善俗坊于健德门街以东，不标甘棠坊、迁善坊。疑甘棠坊在健德门街以东。

乾宁坊： 地在西北乾位，取《周易·乾卦》"万国咸宁"之义以名。

案："西北乾位"，属后天卦序。"万国咸宁"，见《易·乾》彖传。健德门配乾卦，疑此坊近健德门，故以乾宁为名。《析》无，《元》置此坊于怀远坊以西，与清远坊邻近。疑平在、甘棠、乾宁三坊为一组，在安贞、健德两门之间。这里的"西北"既是整个大城北部的西北，也是居中三坊的西北。

豫顺坊： 按《周易·豫卦》"豫顺以动，利建侯行师"，取此义以名。

案：豫卦的卦象是坤下震上，与分封诸侯、行师用兵有关。从字面含义推测，《析》之可封坊或即此坊异名。《元》有可封坊，无豫顺坊，并以善俗、可封二坊夹持健德门街的东西两侧。豫顺坊，见元至顺二年（1331年）《大元福寿兴元观记》碑，铭文云"创福寿兴元观于都城西北隅豫顺坊"，"西北隅"一词亦见下述二坊。[22] 又元至正二十四年（1364年）《大都兴隆寺置地记》碑亦有此坊名，铭文云"皇元易土，分土编甿而规居，阡陌互通。其豫顺坊一隅，有寺曰兴隆也"。[23] "西北隅"是泛指靠近大城北墙的西三坊。

怀远坊： 取《左传》"怀远以德"之义以名。

案："怀远以德"，见《左传》僖公七年引管仲语，意为以德服人、怀柔远人。《析》有同名坊，曰"地在西北隅"。《元》置此坊于最西。

清远坊： 地在西北隅，取"远方清宁"之义以名。

案："怀远以德""远方清宁"，词义相承。《析》无。《元》置此坊于健德门街以西。健德门街以西有四坊，怀远最西，乾宁其次，清远又其次，可封最东。疑豫顺、怀远、清远三坊为一组，在健德门街以西，属于广义的"西北隅"，有别于居中的"北方"和"北方"中的"西北"。

2024年6月8日写于北京蓝旗营寓所

---

[22] 觉真《〈法源寺贞石录〉元碑补录》，《北京文物与考古》第6辑（北京：民族出版社，2004年），251—252页。这条材料是承张南金提示。

[23] 林梅村《元大都豫顺坊寺观与达官府邸考》，《中西元史》第一辑，北京：商务印书馆，2023年，278—293页。这条材料是承张南金提示。

附录：元大都50坊内的地标性建筑

建筑	始建年代	地点
大庆寿寺	金代始建，元代重修。	原在西长安街28号，已毁。
万宁桥	元初始建，历代重修。	在今地安门大街上。
太社太稷	元世祖至元七年（1270年）	原在今白塔寺北，已毁。
钟鼓楼和中心台	元世祖至元九年（1272年）	在今地安门大街北端。
万安寺	元世祖至元九年（1272年）	在今阜城门内大街171号。
太庙	元世祖至元十四年（1277年）	原在今朝内大街路北，已毁。
崇真万寿宫	元世祖至元十四年（1277年）	原在今美术馆后街23号，已毁。
司天台	元世祖至元十六年（1279年）	原在今中国社会科学院附近，已毁。
崇国寺	元世祖至元二十三年（1286年）	在今护国寺街以北。
国子监	元世祖至元二十四年（1287年）	在今国子监街15号。
万宁寺	元成宗大德九年（1305年）	在今草厂胡同12号。
宣圣庙	元成宗大德十年（1306年）	在今国子监街13号。

据《元史·世祖本纪》），元大都始建于至元四年（1267年），告成于至元二十九年（1292年）。上表是按时间顺序排列。大都城内，建筑很多，此表不包括元大内宫殿群，也不包括大都城内的衙署，只限于元大都50坊内的地标性建筑。

下面按空间分布做一点说明。

（一）大城中部

1. 钟鼓楼、中心台和万宁寺，属金台坊。这组建筑，位于元大内以北，地处东西南北之中，元大都"前朝后市"的"后市"就在这一带，最热闹。据《日下旧闻考》卷三八引《元一统志》，钟鼓楼始建于至元九年（1272年）二月。中心台夹处二者间，年代可能相近。万宁寺在钟鼓楼和中心台的东侧，是成宗帝后的影堂所在，全称是大天寿万宁寺。据《元史·成宗本纪》，此寺始建于大德九年（1305年），比较晚，但寺西中心阁，阁以中心台名。钟楼与鼓楼南北相望，中心阁与中心台东西相望，是一组配套建筑。

2. 万宁桥，也叫地安桥，初为木桥，后为石桥，位于中轴线上，横跨地安门大街，与钟鼓楼南北相望。它的西边是海子，东边是玉铉坊（或晚一点的靖恭坊和昭回坊）。海子水穿万宁桥，流为东玉河，有如横穿鼎耳的玉铉。石桥始建于元初，桥东北镇水兽有"至元四年"题刻，与大都始建为同一年。石闸晚一点，据《元史·河渠志》，始建于至元二十九年（1292年），告成于至元三十年（1293年）。

（二）大城东部

1. 国子监与宣圣庙，属进贤坊，左右相邻，两者是配套建筑。前者是最高学府，据《元史·世祖本纪》，始建于至元二十四年（1287年）。后者是儒学所宗，据《元史·祭祀志》，是元成宗即位后诏建于京师，大德十年（1306年）秋，庙成。

2. 太庙，相当"左祖右社"的"祖"，原在齐化门内，属穆清坊（或晚一点的思诚坊），毁于明初，清恒亲王府建于其旧址。据《元史·祭祀志》，此庙始建于至元十四年（1277年）。

3. 司天台，属明时坊，原在大城东南的元太史院内，毁于明初。徐苹芳考证，元太史院在明清贡院一带，相当今中国社会科学院所在。[24] 今观象台（明观星台、清观象台）建于大城东南角楼处，离司天台不远。据《元史·世祖本纪》，元司天台始建于至元十六年（1279年）。

4. 崇真万寿宫，也叫天师宫，原在保大坊分出的蓬莱坊内，毁于明初。

（三）大城西部

1. 万安寺，全称是大圣寿万安寺，俗称白塔寺。位置在太社太稷前，属福田坊。据《元史·世祖本纪》，该寺始建于至元九年（1272年）十二月，告成于二十五年（1288年），是世祖帝后和裕宗帝后的影堂所在。《圣旨特建释迦舍利灵通之塔》碑文记

---

[24] 参看徐苹芳《元大都太史院址考》，收入《徐苹芳文集：中国城市考古学论集》，162—169页。

世祖发辽塔获舍利起意建塔，事在"至元八年三月二十五日"，学者多以世祖起意建塔之年为建寺之年，比《元史》记载早一年，未必合适。[25]

2. 太社太稷，相当"左祖右社"的"社"，类似明清的社稷坛，原在平则门内，白塔寺背后，属福田坊，明初毁，改建朝天宫于其旧址。据《元史·祭祀志》，二坛始建于至元七年（1270年）。元代的太庙、社稷坛与明清不同，明清是分居皇城正南的东西两侧，元代是分居大城的东西两侧，一在齐化门街的路北，一在平则门街的路北。

3. 崇国寺，在析津坊内（?），明代叫大隆善护国寺，简称护国寺。大都南北有二崇国寺，燕京旧城的崇国寺是南崇国寺，大都新城的崇国寺是北崇国寺。北崇国寺始建于元世祖至元二十三年（1286年）。这里的崇国寺是指北崇国寺。

4. 大庆寿寺，俗称双塔寺，原在顺承门内，属时雍坊。其前身是金庆寿寺。金庆寿寺规模很大，元庆寿寺只是金庆寿寺的西南一隅，有海云塔和可庵塔。据《大蒙古国燕京大庆寿寺西堂海云大禅师碑》，海云卒于宪宗七年（1257年），海云塔建于次年（1258年），可庵塔又建于海云塔后。1954年，双塔因拓宽西长安街被拆，庙已无存。

以上是元大都50坊内最著名的十组建筑，今以图示，令读者知其所在。

元代，三教并存，宗教多元。儒，孔庙是代表性建筑。释，万安寺地位最高。[26] 道，天师宫最重要。[27] 此外，西方传入的宗教，除房山十字寺属聂斯脱利派，大都城内还有一座也里可温教十字寺，位置在万宁桥东北，明显佑宫就是建在它的废墟上。[28] 伊斯兰教，牛街清真寺、东四清真寺，也是元代就有。[29]

[25] 参看宿白《元大都〈圣旨特建释迦舍利灵通之塔〉校注》，《考古》1963年第1期，37—47转50页。

[26] 大都佛寺，不能备举。皇家佛寺，城内有大庆寿寺（见上）、大圣寿万安寺（见上）、大承华普庆寺（在前公用胡同和宝产胡同之间，属元太平坊）、大天寿万宁寺（见上）、大天源延圣寺（俗称黑塔寺，在西内大街黑塔寺胡同11号，属元日中坊）、大永福寺（俗称青塔寺，在今青塔胡同，属元福田坊），城外有大昭孝寺（在今卧佛寺）、大崇恩福元寺（在今崇文门外花市上四条）、大护国仁王寺（在今白石桥附近）、大承天护圣寺（在今颐和园）、宝相永明寺（在今香山静宜园附近）。

[27] 天师宫是正一派玄教宗师张留孙倡建，与全真派的长春宫齐名。道教分全真、正一两派。正一派有天师宫和东岳仁圣宫（今东岳庙），全真派有长春宫。长春宫和东岳庙都在大都城外，城内最著名的道教建筑要数天师宫。

[28] 徐苹芳《元大都也里可温十字寺考》，收入《徐苹芳文集：中国城市考古学论集》，178—186页。

[29] 其他，如都城隍庙、武安王庙，也是元代就有。

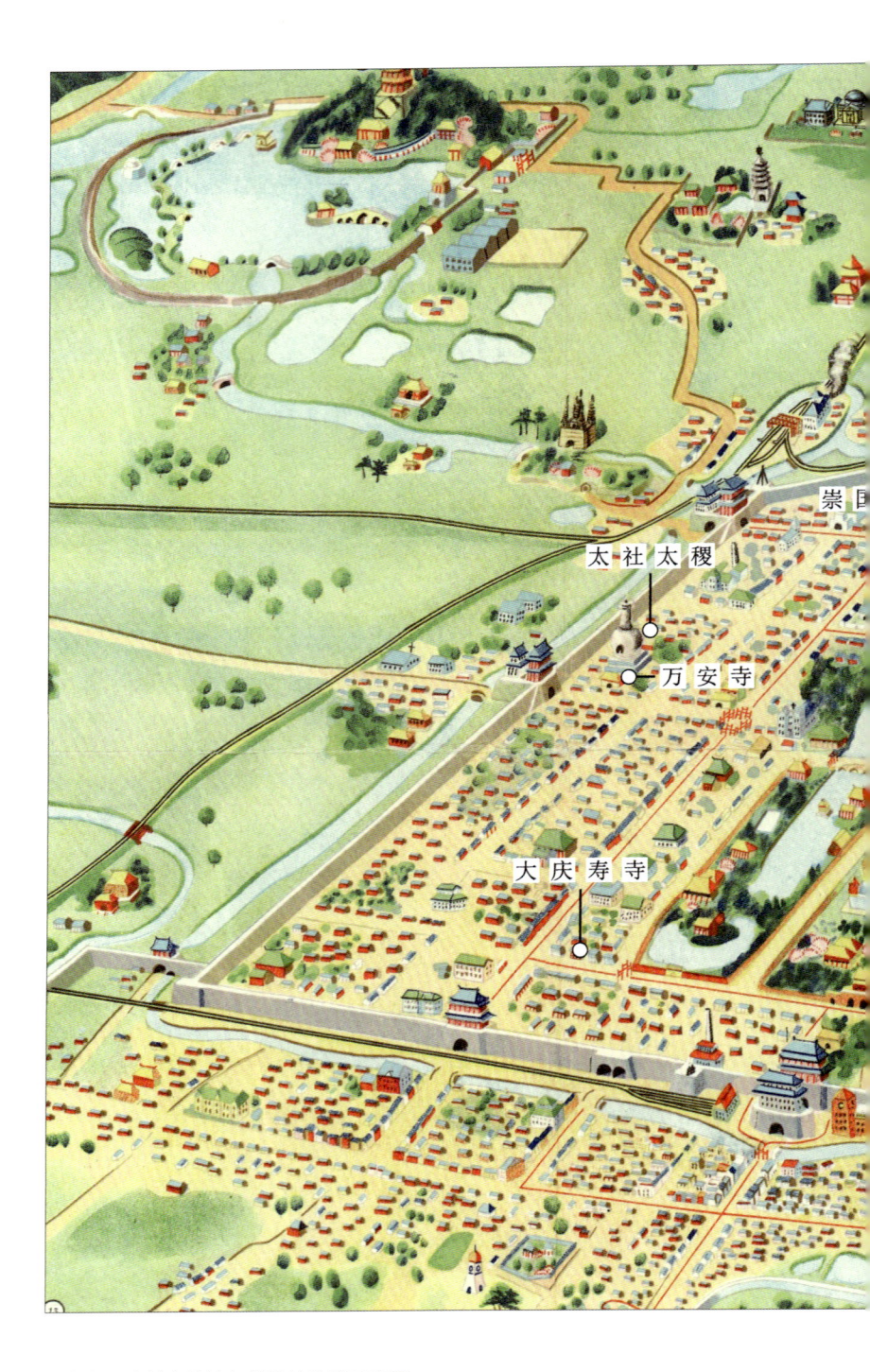

元大都五十坊内的地标性建筑位置示意图
为直观地标示出这些大多无存的元代建筑的位置，我们选择了一幅民国时期的鸟瞰图作为底图。这上面有着当时北京城的主要建筑和街道，也是今天大家对于北京老城的"共同记忆"。今将各处地点标注其上，大家也许能以北京老城为基础，对那个遥远却又

在身边的元大都形成些许印象。底图采自《1936年北京城及近郊鸟瞰图》（*A Bird's-eye View of Peiping and Environs, 1936*）。

大庆寿寺（双塔寺）

始建年代：金代始建，元代重修。

地点：原在西长安街28号，已毁。

大庆寿寺双塔　［法］菲尔曼·拉里贝（Firmin Laribe）摄　约1900—1901年

大庆寿寺双塔　［德］阿尔方斯·冯·穆默（Alfons von Mumm）摄　约1900年

元大都五十坊考

大庆寿寺（双塔寺）约1949年

大庆寿寺原址现状（电报大楼）　张南金摄　2024年

大庆寿寺石额　首都博物馆藏　张南金摄　2024年

万宁桥（地安桥）

始建年代：元初始建，历代重修。

地点：在今地安门大街上。

万宁桥东侧北岸镇水兽　危文瀚摄　2022年

万宁桥东侧北岸镇水兽　李零摄　2022年

万宁桥东侧北岸镇水兽下方元代刻记　张南金摄　2023年

万宁桥东侧南岸镇水兽　张南金摄　2024年

万宁桥西侧　张南金摄　2024年

太社太稷

始建年代：元世祖至元七年（1270年）

地点：原在今白塔寺北，已毁。

太社太稷故址大致位置（宫门口东岔北口、东廊下胡同南口）　张南金摄　2024年

白塔以北即元代太社太稷大致位置　张南金摄　2024年

钟鼓楼和中心台

始建年代：元世祖至元九年（1272年）
地点：在今地安门大街北端。

鼓楼　[日]儿岛鹭麿摄　约1909年

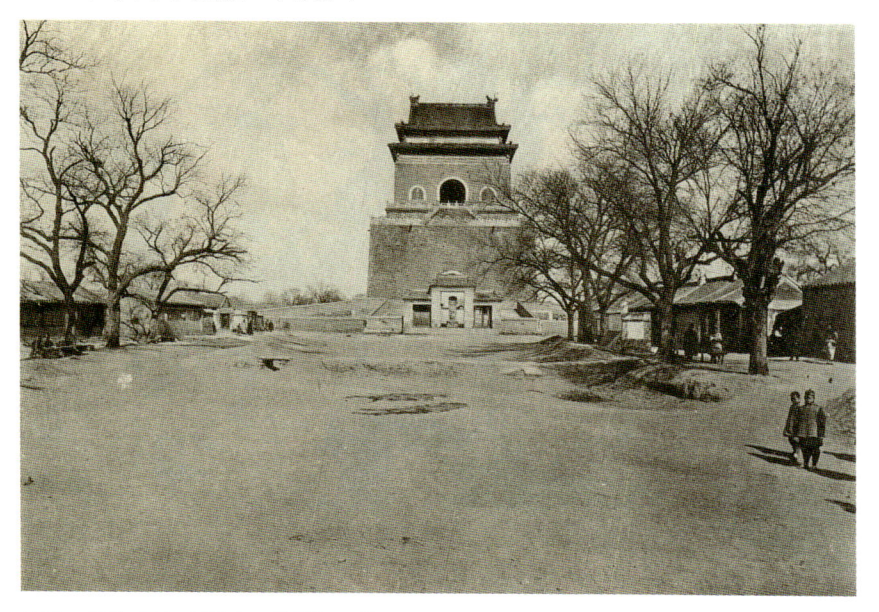

钟楼　[德]阿尔方斯·冯·穆默摄　约1900年

钟楼西南向眺望 ［德］赫达·莫里逊摄 约1933—1946年

鼓楼东南向眺望 张南金摄 2024年

元大都五十坊考

鼓楼南眺地安门、景山　［德］赫达·莫里逊摄　约1933—1946年

鼓楼南眺地安门、景山　张南金摄　2024年

万安寺（白塔寺）

始建年代：元世祖至元九年（1272年）

地点：在今阜城门内大街171号。

白塔寺大觉宝殿　［德］阿尔方斯·冯·穆默摄　约1900年

白塔寺白塔　［德］阿尔方斯·冯·穆默摄　约1900年

白塔寺大觉宝殿　张南金摄　2024年

白塔寺大觉宝殿、七佛殿、白塔　张南金摄　2024年

太庙

始建年代：元世祖至元十四年（1277年）

地点：原在今朝内大街路北，已毁。

太庙故址上的清代恒亲王府遗存之一　张南金摄　2022年

太庙故址上的清代恒亲王府遗存之二（图中摄影者为唐晓峰）　张南金摄　2022年

崇真万寿宫

始建年代：元世祖至元十四年（1277年）

地点：原在今美术馆后街23号，已毁。

崇真万寿宫原址向东北望（照片正中为宽街路口）　张南金摄　2024年

崇真万寿宫原址向西北望钟鼓楼　张南金摄　2024年

司天台毁弃后的明清观象台

元代司天台始建年代：元世祖至元十六年（1279年）

元代司天台地点：原在今中国社会科学院附近，已毁。

观象台　［德］阿尔方斯·冯·穆默摄　约1900年

观象台的观象仪器　［德］阿尔方斯·冯·穆默摄　约1900年

观象台　任超摄　2023年

观象台紫霄殿　任超摄　2023年

崇国寺（护国寺）

始建年代：元世祖至元二十三年（1286年）

地点：在今护国寺街以北。

护国寺崇寿殿　20世纪30年代　《北平研究院北平庙宇调查资料汇编》（内四区卷）

护国寺金刚殿　20世纪30年代　《北平研究院北平庙宇调查资料汇编》（内四区卷）

李零在护国寺金刚殿考察　王瑞智摄　2024年

李零在护国寺西群房建筑遗存考察　王瑞智摄　2024年

国子监

始建年代：元世祖至元二十四年（1287年）
地点：在今国子监街15号。

宣圣庙（孔庙）

始建年代：元成宗大德十年（1306年）
地点：在今国子监街13号。

成贤街（今国子监街） ［德］阿尔方斯·冯·穆默摄 约1900年

国子监内琉璃牌坊 ［德］阿尔方斯·冯·穆默摄 约1900年

国子监辟雍　［德］阿尔方斯·冯·穆默摄　约1900年

国子监辟雍　［日］山本赞七郎摄　约1906年

孔庙大成殿　[日]儿岛鹭麿摄　约1906年

孔庙大成殿内景　[日]山本赞七郎摄　约1906年

国子监辟雍　张南金摄　2024年

孔庙先师门　张南金摄　2024年

万宁寺

始建年代：元成宗大德九年（1305年）

地点：在今草厂胡同12号。

万宁寺关帝殿　20世纪30年代　《北平研究院北平庙宇调查资料汇编》（内五区卷）

万宁寺菩萨殿　20世纪30年代　《北平研究院北平庙宇调查资料汇编》（内五区卷）

万宁寺大雄殿　20世纪30年代　《北平研究院北平庙宇调查资料汇编》（内五区卷）

万宁寺大雄殿故址　危文瀚摄　2022年

万宁寺石额　首都博物馆藏　张南金摄　2024年

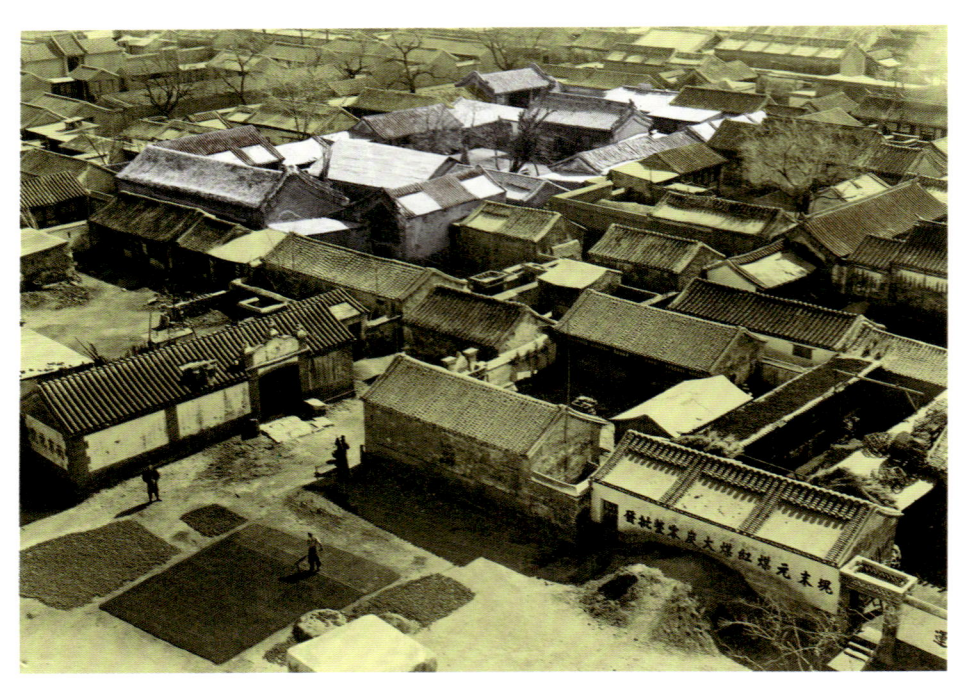

钟楼东南向眺望（图中标出部分为万宁寺范围）　[德]赫达·莫里逊　约1933至1946年　朴世禺、危文瀚标注

万宁寺故址院落朝西方向全景　危文瀚摄　2022年

元大都五十坊考

鼓楼向东北方向望万宁寺　[美]约翰·詹布鲁恩摄　1910—1929年　图中万宁寺部分建筑和安定门为危文瀚标识

钟楼湾胡同60号（约元中心阁旧址部分区域） 李零摄 2022年

万宁寺故址北院建筑（传石碑埋于该民居处） 危文瀚摄 2022年

张南金

地安门景山西河的形成与变迁——兼谈元代萧墙内的海子水河道

地安门内恭俭胡同南口、景山西街与景山后街交叉处曾有两座石桥，在景山西北，被称为"西板桥"和"白石桥"。流经两座桥下的是一条不宽的小河，它始自北海北门的西压桥，沿北海公园东墙内侧蜿蜒向南，经先蚕坛、花房、画舫斋，自濠濮间东折，至恭俭胡同南口、景山后街西头南转，再顺景山西街、景山公园西墙外侧一路南去[1]，最终注入故宫筒子河，全长约1.2千米（图一，现状详见附记）。

这条河没有正式名称，或因其主要河段位于景山西街（1965年前称西板桥大街）而称之为"景山西河""西板桥河"[2]，或将其归为"金水河""护城河""玉河"的一段[3]。为叙述便利，本文遵循蔡蕃、王锐英近来讨论北京水系时，用"景山西河"的专名指称这段河道的说法。

关于北京历代的河湖水系问题，众多前辈皆有论述，具有代表性的是侯仁之[4]、王璞子[5]、徐苹芳[6]、蔡蕃[7]等，近年来，邓辉[8]、蔡蕃、王锐英、李纬文等对于相关问题的讨论也颇有新见[9]，不过其中仍存诸多问题尚待探索。我们知道，元大都采用了白浮泉—通惠河、玉泉山—金水河分源供水的格局，两个水系在大都城内有所区分。但怎样划分这两个水系，河道走向如何，聚讼纷纭。笔者注意到，景山西河在北京城内水系中颇为重要，这条河不仅是明清宫城护城河、内金水河等的主要水源，更关键的是，它将什刹海水（即元代海子水）引入了皇城。这样看来，梳理景山西河的变迁史，上溯其形成年代，可对探究元大都水系，尤其是元代萧墙内的情况有所裨益。

本文将分为三个部分，首先根据史料梳理明清以来景山西河的变迁，总结这条河道在时移世易中，哪些特征是"不变"的，哪些特点是"变化"的。进而，笔者选取景山西河的两则个案，尝试探讨这条河道的形成时间。最后，期望综合以上论述，推进我们对元大都水系的认识，敬请方家指正。

[1] 20世纪70年代，景山西街河段改为暗河。

[2] 如李学文、魏开肇、陈文良：《紫禁城漫录》，郑州：河南人民出版社，1986年，第31、32页；张富强：《景山寿皇殿历史文化研究》，北京：金城出版社，2012年，第12页；侯仁之主编：《北京历史地图集（文化生态卷）》，北京：北京出版社，2017年，第128、129页。

[3] 归为"金水河"一段之说，如北京市文物研究所：《西板桥及其河道遗址考古发掘简报》，《北京文博文丛》2019年第2辑，北京：北京燕山出版社，2019年，第102页；归为"护城河""玉河"一段，见于明清文献，后文详述。

[4] 侯仁之：《北平金水河考》，《燕京学报》第30期，1946年；此外，《北京都市发展过程中的水源问题》等文章已收入其论文集《北京城的生命印记》（北京：生活·读书·新知三联书店，2009年）。

[5] 王璞子：《元大都城平面规划述略》，《故宫博物院刊》总第2期，1960年。

[6] 中国科学院考古研究所、北京市文物管理处元大都考古队：《元大都的勘查和发掘》，《考古》1972年第1期。

[7] 蔡蕃：《北京古运河与城市供水研究》，北京：北京出版社，1987年。

[8] 邓辉：《元大都内部河湖水系的空间分布特点》，《中国历史地理论丛》2012年第3辑。

[9] 蔡蕃、王锐英、李纬文的论著将在第二节讨论，在此暂不占用篇幅列举。

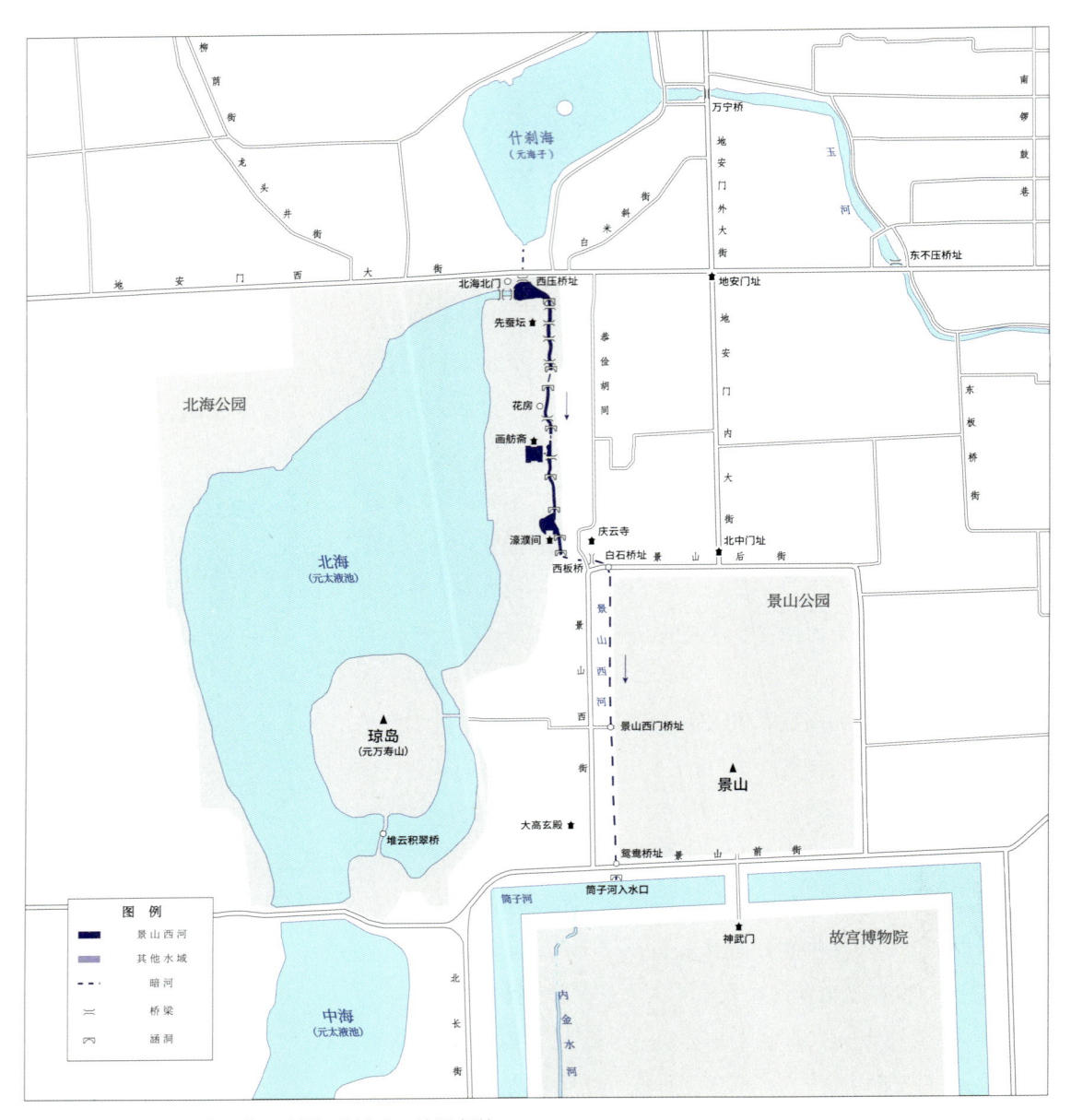

图一　景山西河及周边现状示意图　张南金、许泽邦绘

一、景山西河的变迁

（一）史料中的景山西河

晚明刘若愚《酌中志》详述大内建置，其中与景山西河相关的是：

护城河者，自北闸口分流，经内官监、白石桥、大高玄殿之东、北上西门之外、半边石半边砖桥入。此桥半石者，防车轮耳。……水由桥下，至紫禁城墙下护城河，而东、而南，经太庙之东、玉芝宫、飞虹桥之西，而西脉自大社、大稷坛之西，至灵台、宝钞司之东，总合于涌福之河焉。[10]

这是最早记录景山西河具体情况的内容，尽管较之更早的文献也会提到部分建筑，但皆非专记河道。"北闸口"在今西压桥附近，"内官监"在恭俭胡同，"北上西门"在景山西街南口，所谓"半边石半边砖桥"应在鸳鸯桥的位置。这里提及的建筑物及勾勒的河道大致走向与今日景山西河相近。

细究刘氏用语，凡言某建置"之"某方位者，如"大高玄殿之东""北上西门之外"，参照现实情况，皆是河道流经建筑物外围的表述。由此可知，仅言建置名称者，如"内官监"，则是表达河道在内官监内部穿流。

刘若愚所记"护城河"是包括景山西河、故宫筒子河、外金水河等皇城内众多河道的统称。整条"护城河"以景山西河为上游，故宫筒子河为中游，外金水河等为下游。景山西河是当时故宫筒子河的主要水源。

台北故宫博物院藏《皇城宫殿衙署图》（文物编号：平图021601）绘于清康熙初年[11]，彼时景山西河的情况清晰可见。康熙《皇城宫殿衙署图》中，景山西河自西压桥水池东南流出北海（即今先蚕坛北垣处），向南至西板桥，此段河道除今先蚕坛的位置有"火神庙""土地庙"两座庙宇外，夹河两岸多为民宅院落，

[10]（明）刘若愚：《酌中志》卷一七大内规制纪略，北京：北京古籍出版社，1994年，第142页。

[11] 王其亨、张凤梧：《康熙〈皇城宫殿衙署图〉解读（上）》，《建筑史学刊》2020年第1期。

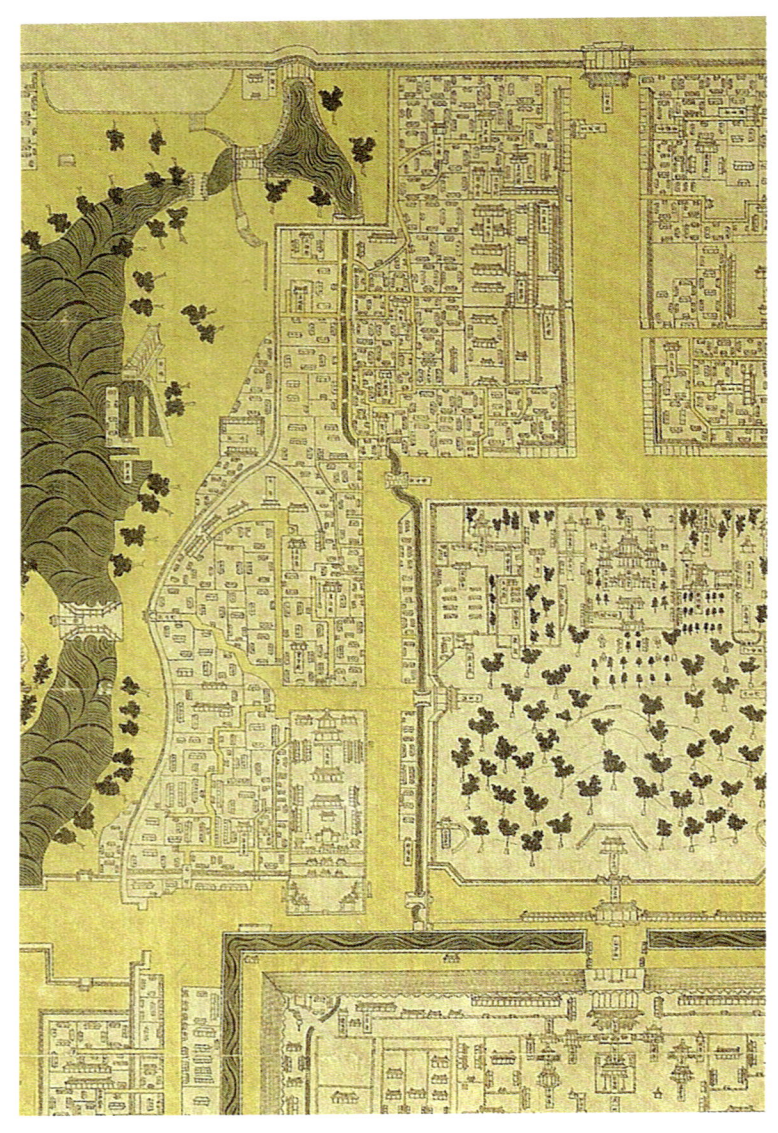

图二 《皇城宫殿衙署图》局部（采自冯明珠、林天人主编：《笔画千里——院藏古舆图特展》，台北故宫博物院，2008年，第51页）

有桥六座。过西板桥后，向南依次是白石桥、景山西门桥、鸳鸯桥、筒子河入水口。（图二）

乾隆七年（1742年），清廷于明雷霆洪应殿故址营建了先蚕坛。乾隆《钦定大清会典则例》收录先蚕坛祭祀仪轨，叙述了浴蚕河（今先蚕坛河段）的情况：

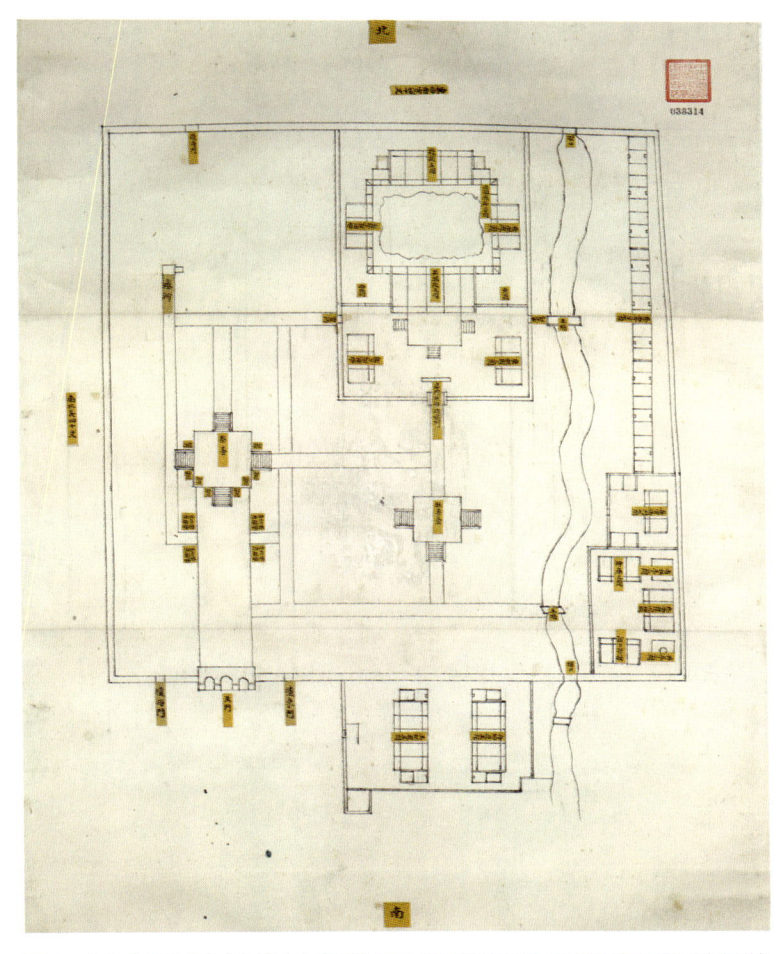

图三 《先蚕坛总图》（台湾"中研院"历史语言研究所历史文物陈列馆网站下载）

浴蚕河在宫墙东，自外围北垣流入，由南垣出。垣下各设闸启闭，直宫墙东门木桥一，又迤南木桥一。桥东蚕室二十七间，……[12]

台湾"中研院"历史语言研究所藏《先蚕坛总图》（典藏号：038314）为样式房绘制的宫殿地盘图，图中清晰表现了浴蚕河上的两个闸口、两座木桥（图三）。此外，台北故宫博物院藏乾隆院本《孝贤皇后亲蚕图·献茧》（文物编号：故画000920）的画卷左端，亲蚕殿右侧有小河水波荡漾，即浴蚕河的描绘。画面远处墙

[12]《钦定大清会典则例》卷一二六《工部·营缮清吏司·坛庙》，影印文渊阁四库全书，台北：台湾商务印书馆，1986年，第624册，第19页。

图四 《孝贤皇后亲蚕图·献茧》局部（亲蚕殿与浴蚕河）（台北故宫博物院"文物典藏资料库"下载）

垣下的石栅以及河道上的两座木桥清晰可见，与同时期的史料相应。（图四）

乾隆十五年（1750年）绘成的《乾隆京城全图》可直观地观察到当时景山西河出先蚕坛后，便在恭俭胡同以西的民宅群房间穿行，其上有一座拱桥及数座平桥，供两岸居民通过。进入景山西街后，景山西河上的"西板桥"（平桥）、"白石桥"（拱桥）、景山西门桥（平桥）、"鸳鸯桥"（拱桥）形制清晰可见。（图五）

乾隆二十二年（1757年），皇帝修建了画舫斋、濠濮间两组建筑群，先蚕坛以南的北海东墙东扩至今日的位置。相关的营建档案明确提到了流经它们东部的"筒子河"，将景山西河视作"筒子河"的一段。[13]

乾隆四十七年（1782年）成书的《日下旧闻考》"宫城规制"述及外金水桥时，纂修官补记：

> 皇城内河流四面环绕，其由地安门西步梁桥流入者，经景山西门引入，环紫禁城，是为护城河。护城河西面之水，自紫禁城西南隅流经天安门外金水桥，东南注御河，是为外金水河。又西阙门下有地沟，引城河水经午门前至东阙门外，循太庙右垣南流，折而东注太庙戟门外筒子河，东南合御河；此系乾隆二十五年奉谕新开水道。至其由地安门东步梁桥流入者，经东安门内望恩桥流注御河，又别为一道也。[14]

[13]《奏报先蚕坛南边新建殿宇等工所需银两书目片》，乾隆二十二年五月二十七日，收入中国第一历史档案馆、故宫博物院合编：《清宫内务府奏销档》第48册，北京：故宫出版社，2014年，第341—344页。

[14]（清）于敏中等：《日下旧闻考》卷九《国朝宫室》，北京：北京古籍出版社，1985年，第129页。

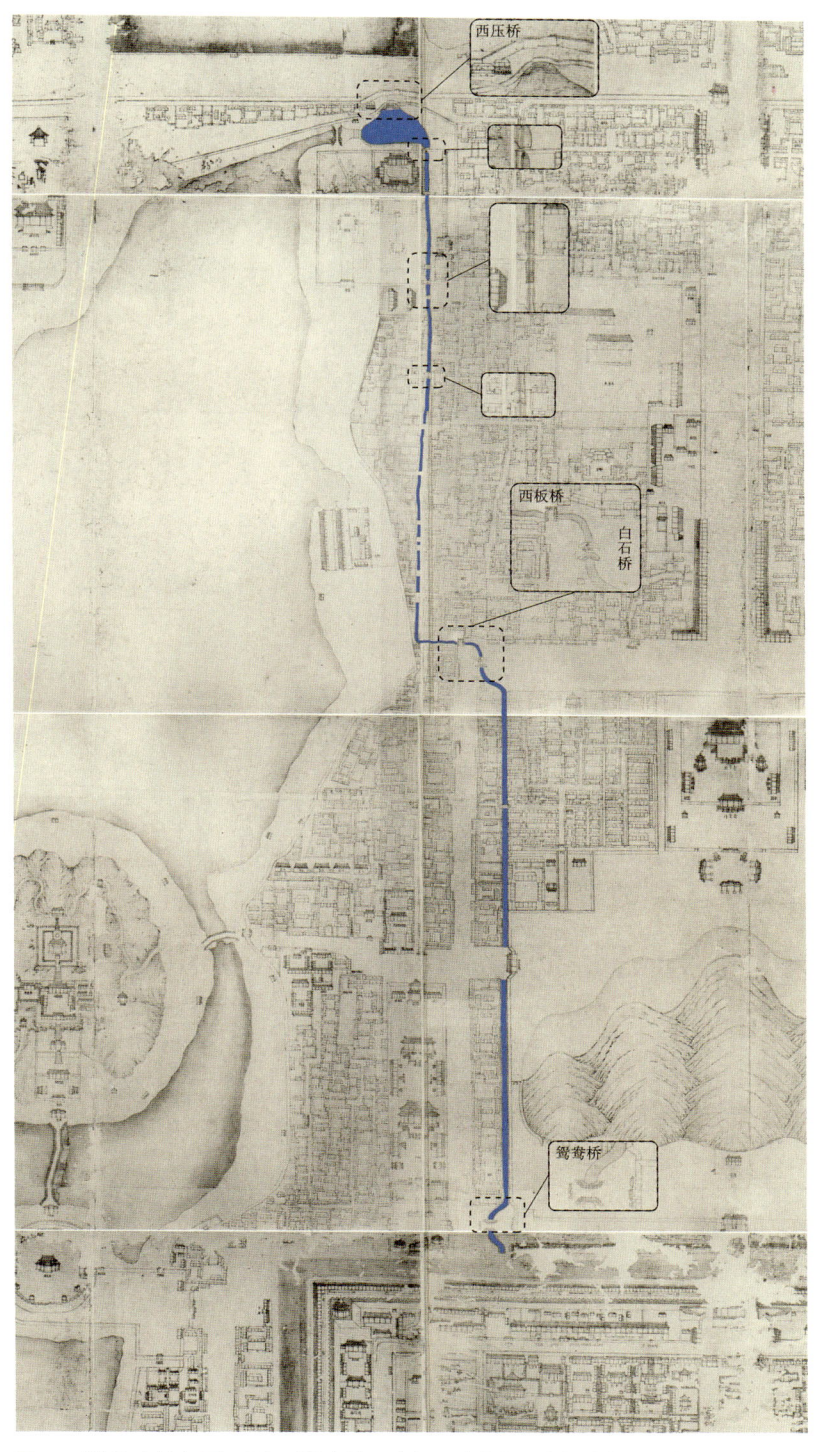

地安门景山西河的形成与变迁　101

图五　《乾隆京城全图》局部（笔者将日本兴亚院华北联络部政务局调查所1940年《乾隆京城全图》缩印本的相关区域拼合后作为底图）

此段提到的皇城内主要河流有"护城河""外金水河"及皇城东墙内侧河道，此外还有"西阙门地沟""太庙戟门箭子河"两条新开水道，这些河道皆"流注御河"。《日下旧闻考》所称"护城河"是指景山西河及故宫筒子河，景山西河为"引入"之源，故宫筒子河则是"护城河"的主体。

道光二年（1822年）十二月的一则档案称：

> 修浚得北海蚕坛内清挖河道，上游自后进水闸起，往南由濠濮间、卧虎桥夹墙内河筒，至鸳鸯桥南边出水闸止，清挖淤浅，共凑长三百五十八丈二尺五寸，均宽五尺至五丈七尺，均深三尺至六尺五寸不等。随河筒两边拆修砖石泊岸共十二道，凑长四百十六丈二尺；并桥闸水口六座，内拆修一座，粘修五座；木板桥一座。拆修宇墙、栏马墙共十九道，凑长二百六十六丈六尺四寸。[15]

详细记录了景山西河的长度，约合1150米。此外，文中还提及了沿河的桥闸、泊岸、宇墙情况。

光绪《顺天府志》成书于光绪十一年（1885年），其卷一五《水道·玉河》叙述了当时皇城内的水系情况：

> 金水河者，《元史·河渠志》谓"玉泉流至和义门南水门入城"，故名。今水道自德胜门西里许水关入，名铁棍闸。……出地安门之西布粮桥下，入于海子，为太液池。池南为瀛台。又分支东流入紫禁城御沟，曰里河，即元之邃河也。其水又环紫禁一周，东南出御河桥。御河桥者，御沟也，今日玉河。其西南流正支出金鳌玉𬯎桥，又出织女桥，经社稷坛，折东出天安门外金水桥下，又出牛郎桥下。[16]

[15] 档案录文见北海景山公园管理处：《北海景山公园志》，中国林业出版社，2000年，第343页。

[16] （清）周家楣、缪荃孙等编纂：《光绪顺天府志》卷一五《水道·玉河》，北京古籍出版社，1987年，第440、441页。

这段提到三海、景山西河、故宫筒子河、外金水河等，其中"又分支东流入紫禁城御沟，曰里河，即元之邃河也"一句概括了景山西河与故宫筒子河，信息不多。同书卷一五《水道·桥埒》循水流向记录桥闸，与上引内容相关的是：

……曰西步粮桥，亦呼西雅桥，在地安门西城根。曰西夹道响闸桥，在皇城内。曰景山后西板桥。曰内宫监南口桥。曰鸳鸯桥，在景山西。曰西闸口小桥。曰金鳌玉𬟽桥。曰织女桥。曰金水桥，在天安门外。已上诸桥是玉河西南流一支，径海子水道。……[17]

"西闸口小桥"应指北海北门内水池西侧桥梁，"金鳌玉𬟽桥"即今北海大桥，"织女桥""金水桥"在外金水河上，这四座属于《水道·玉河》所言三海、外金水河的"西南流正支"。而其他诸桥，"西布粮桥""西夹道响闸桥""景山后西板桥""内宫监南口桥""鸳鸯桥"属于《玉河》所说的"分支东流"。不过，这段文献中未明言各桥位置，同书卷一三《坊巷》的相关内容可为补充：

内官监衚衕，四眼井，井一。巷口火神庙前桥二，曰鸳鸯桥，明之白石桥也。[18]

其中，"内官监衚衕"为恭俭胡同旧称，"火神庙"即恭俭胡同南口庆云寺[19]。此句所说的"鸳鸯桥"实际是西板桥、白石桥二桥的合称，与《乾隆京城全图》、道光朝档案所说的景山西街南口"鸳鸯桥"并非一座，桥梁名称出现混淆。

民国以后测绘的诸多北京街道详图中，有不少将景山西河绘制了出来，差异不大。以1936年印制的《北平市内外城分区地图》为例，图中标示了西板桥、白石桥、景山西门桥、鸳鸯桥，此外在西板桥西侧、鸳鸯桥南侧还各标一桥，河道走向与今日无异（图六）。

至二十世纪70年代，景山西河的景山西街段改为暗渠，形成了今日景山西河的景貌。

[17]（清）周家楣、缪荃孙等编纂：《光绪顺天府志》卷一五《水道·桥坿》，第459页。

[18]（清）周家楣、缪荃孙等编纂：《光绪顺天府志》卷一三《坊巷上》，第343页。

[19] 中国文化遗产研究院编：《北平研究院北平庙宇调查资料汇编（内六区卷）》，文物出版社，2021年，第184～189页。

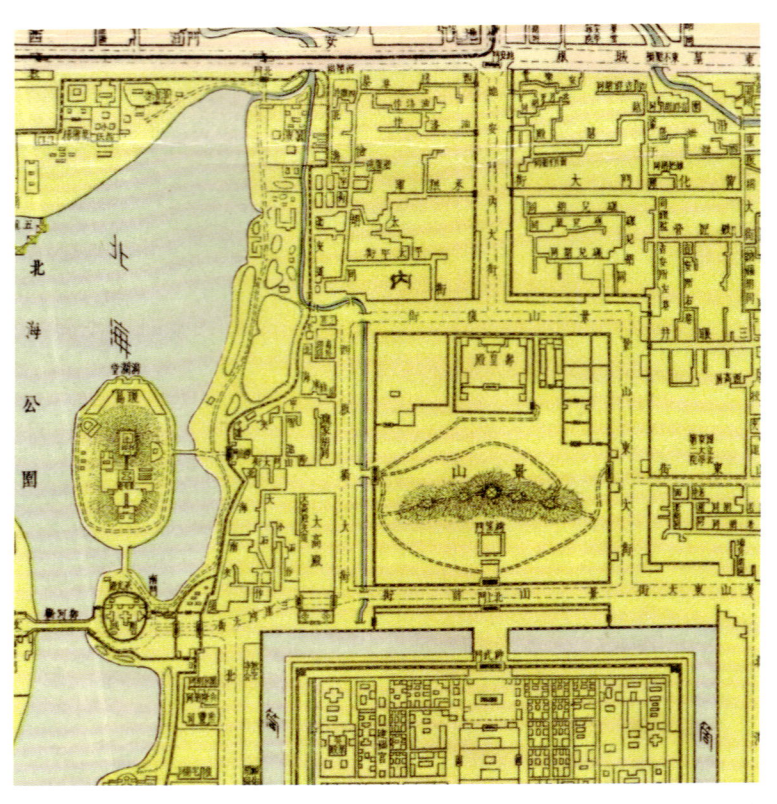

图六 《北平市内外城分区地图》局部（安仙生编绘，安警众发行，1936年出版）

（二）景山西河的治理

明清时期，景山西河是故宫筒子河的重要水源，供宫廷景观、防火、工程等用水，所流经的白石桥、鸳鸯桥又在皇城内主要道路之上，因而明清两代都非常重视对这条河道的维护。

刘若愚《酌中志》记录了天启年间的清淤工作："神庙久不临御，河（笔者按，指'护城河'及'紫禁城内之河'）遂壅塞不通，帮石圮泐者多。逆贤时勒令疏通，至今清流可鉴。"[20] 经年累月，水道淤塞难以避免。

明末大学士蒋德璟《悫书》收录了其于崇祯十六年（1643年）在万寿山观德殿召对的记录，文末附记万寿山周边景况，内容多转述《酌中志》所载"护城河"的内容，并补充道："紫禁城有护

[20]（明）刘若愚：《酌中志》卷一七《大内规制纪略》，第143页。

城河，河外即御沟也。是时，河颇有水，沟则干矣。"[21] 可见，蒋氏所见河道景况，已不若天启年间清淤后那般"清流可鉴"。

清代档案所见数次对景山西河的治理，皆由内务府督率，涉及桥闸修缮、河道清淤。乾隆十七年（1752年），由于经年累月的水流冲刷，西压桥南水池附近的闸坝出现坍塌，遂在加固土坝的同时，兴建石闸[22]。鸳鸯桥及其附近河道的宇墙、栅栏、雁翅等，曾于嘉庆二年（1797年）、道光六年（1826年）、宣统三年（1911年）进行过修缮。[23] 此外，上引道光二年档案记录了景山西河清淤，以及桥闸、宇墙等修缮的工作。

据《北海景山公园志》载，新中国成立后至今，在北海公园的河湖清淤工作中，也涉及景山西河的清淤和闸口修缮。[24] 2017年西板桥遗址发掘中，所见条石干砌与虎皮石浆砌两种泊岸，后者即现代维修泊岸时的做法。此外，考古工作揭示了西板桥曾从拱桥改为平桥、桥面坡度改变的过程，这是景山西河桥闸修缮的宝贵实例。[25]

（三）小结：景山西河的"变"与"不变"

综合以上，自晚明至今的景山西河，既有其"不变"的特征，也有其"变"的方面。

具体来说，景山西河一以贯之的"不变"特征主要有二。其一，河道走向未曾变化：始终是自西压桥向南，至西板桥、白石桥稍向东折后，再向正南流至鸳鸯桥处注入故宫筒子河。其二，河道功能在民国以前未变：自晚明至近代，景山西河将什刹海水引入皇城，一直是故宫筒子河、内金水河等的主要水源；直到今天，景山西河为故宫筒子河供水的功能，才被由北海南门直通筒子河西北角的暗渠取代。

同时，景山西河也有随时而变的方面，主要有四。其一，河道两岸景观的变化，集中在西板桥以北的河段：晚明时期，河道自西压桥分水后便流出北海墙垣，经雷霆洪应殿，穿行内官监后流至西板桥；清初，明雷霆洪应殿、内官监的范围已为众多民宅占

[21] （明）蒋德璟：《悫书》卷九《万岁山观德殿召对恭纪》，国家图书馆藏清息耕堂抄本，第9叶a面。
[22] 《内务府大臣海望等奏为西布梁桥荷花池内添建石闸等约估银两事》，乾隆十七年七月十六日，中国第一历史档案馆藏，档号：05-0122-052。
[23] 《房库嘉庆二年景山西门鸳鸯桥北河墙成砌料估清册》，嘉庆二年五月九日，中国第一历史档案馆藏，档号：05-08-006-000013-0012；《景山西门鸳鸯桥栅栏三座油什清册》，道光六年九月三十日，中国第一历史档案馆藏，档号：05-08-006-000490-0036；《鸳鸯桥桥翅各工估单》，宣统三年九月，中国第一历史档案馆藏，档号：21-1032-0148。
[24] 北海景山公园管理处：《北海景山公园志》，第342、343页。
[25] 北京市文物研究所：《西板桥及其河道遗址考古发掘简报》，《北京文博文丛》2019年第2期，第100、101页。

据，此段河道便在街巷间蜿蜒；乾隆前期扩建北海时，所兴修的先蚕坛、画舫斋、濠濮间等建筑群皆在景山西河之上，此后河道成为园中点缀。其二，河道桥闸、泊岸、宇墙等形制的变化：上文提到，先蚕坛河段上本为木桥，现皆为水泥结构桥梁，西压桥、西板桥都有从拱桥改为平桥的情况，西压桥附近闸口由土坝改为石闸，西板桥两侧、先蚕坛河段泊岸从条石干砑改为虎皮石浆砌，实地调查所见画舫斋河段两岸曾有栏板，等等。其三，景山西街河段改为暗渠，西板桥、白石桥、景山西门桥、鸳鸯桥等相关桥梁埋入地下。其四，河道、桥闸名称的变化：如先蚕坛修建后，坛内河道被称为浴蚕河；如明代北闸口为西压桥附近闸口之名；又如《光绪顺天府志》有混淆"鸳鸯桥"名称的现象。

二、景山西河的形成

一般认为，元代金水河入太液池，专供大内用水；通惠河入海子，供漕运、居民用水。然而，至少到明代，景山西河的出现，让什刹海水（元海子水）流入皇城（约相当元萧墙范围）。就此而言，讨论这条河的形成，对于理解元明清时期北京水系十分重要。下面，本文梳理白石桥的年代、元代萧墙内的海子水，试析景山西河的形成问题。

（一）白石桥的年代

白石桥位于恭俭胡同南口、景山后街西端。在晚明《酌中志》中，除上引"（护城河）经内官监、白石桥、大高玄殿之东……"一句外，还记有：

> 北安门内街东曰安乐堂，凡内官有病者，送此调理，山陵及外厂九门官不送也。再南，黄瓦西门之里，则内官监也。过北中门迤西，则白石桥、万法殿等处。至大高玄殿，则习学道经内官之所居也。……[26]

[26]（明）刘若愚：《酌中志》卷一七《大内规制纪略》，第138页。

"北中门"在景山后街与地安门内大街交叉处（图一），从这里过"白石桥"而至大高玄殿，故此"白石桥"与前述文献所指相同。这段文字详述北安门内的建筑名称，"白石桥"赫然在列，体现了时人对皇城内情况的认知：在北安门内的区域，"白石桥"专指景山后街西端的那座桥梁。

明中期的弘治十六年（1503年），李东阳在修缮祖坟、为父迁葬时，撰写了《曾祖考少傅府君诰命碑阴记》，其中提到：

府君在国朝洪武初，以兵籍隶燕山右护卫，挈先祖少傅府君以来，始居白石桥之旁。后廓禁城，其地已入北安门之内，则移于慈恩寺之东、海子之北。[27]

李东阳曾祖李文祥，祖父李允兴，皆为洪武时期燕王府护卫兵丁。靖难时，李允兴从征，后调金吾左卫。李东阳在文中说得很清楚，明初燕王府时期，李文祥、李允兴一家居于"白石桥之旁"；至永乐迁都时，这处家宅已属"北安门之内"，故而搬至"海子之北"（李东阳号"西涯"之由来）。这其中，"北安门"即地安门，那么"白石桥"是否就是本文讨论的景山后街西端的白石桥呢？

回答这个问题，要对永乐迁都时的皇城营建有所了解。对于燕王府的具体位置及其与元宫城的关系，学界意见并不统一。[28] 不过，明代北京皇城、燕王府周垣（外墙）、元大都萧墙（红门阑马墙）三者的关系是可以通过史料梳理出大致脉络的。日本学者新宫学指出"燕王府的王城外墙，几乎原封不动地使用了元朝大都大内的萧墙"，由燕王府周垣改为皇城时，应向南扩，其他区域调整不大。[29] 李东阳所谓"其地已入北安门之内"，是指燕王府周垣改为皇城时的事情。《明太祖实录》载燕王府规制：

燕府营造讫工，绘图以进。其制，社稷、山川二坛在王城南之右。王城四门，东曰体仁、西曰遵义、南曰端礼、北曰广智。……王城之外，周垣四门，其南曰灵星，余三门同王城门名。……[30]

[27]（明）李东阳：《曾祖考少傅府君诰命碑阴记》，载（明）李东阳著，周寅宾点校：《李东阳集》文后稿卷八，长沙：岳麓书社，1985年，第3卷，第126页。

[28] 具有代表性的研究有王璞子：《燕王府与紫禁城》，《故宫博物院院刊》1979年第1期；王剑英：《燕王府即元故宫旧内考》，《北京史论文集》第2辑，北京史研究会编印，1981年；李燮平：《燕王府所在地考析》，《故宫博物院院刊》1999年第1期等。

[29][日]新宫学著，贾临宇、董科译，高寿仙审校：《明代北京迁都研究》，北京：外文出版社，2021年，第70—103、161页。

[30]《明太祖实录》卷一二七"洪武十二年十一月甲寅"条，台湾"中央研究院"历史语言研究所校印：《明实录》，1982年，第2024、2025页。

燕王府周垣北门与王城北门同名为"广智"。永乐七年（1409年），在营建北京的过程中，"礼部言：'皇上将巡狩北京，旧藩府宫殿及门，宜正名号。'从之"[31]。周垣"广智门"改称"北安门"，应在此时。另外，作为燕王府护卫的兵丁，李文祥、李允兴在"白石桥之旁"的住宅很有可能属于燕府护卫的营房。洪武九年（1376年）燕王朱棣在写给参与燕王府营造工程的李文忠的手书中，强调"其营房务要好去布置，如法起盖"[32]，应与这些护卫兵丁的住宅相关。总之，修建皇城时，燕王府周垣广智门改名"北安门"，位置未动，不过北安门内的区域有过较大规模的改建，李东阳的祖父、父亲即这个时期迁出"白石桥之旁"。因此，这个"白石桥"，在后来北安门内的区域。

元末陶宗仪《南村辍耕录》和明初萧洵《故宫遗录》提到的"白玉石桥"或"白石桥"，有万岁山前白玉石桥（约在今北海南门内堆云积翠桥附近）、崇天门前白玉石桥（即"周桥"）、兴圣宫白玉石桥三座。[33] 不过这三座桥的位置都难以算作"北安门之内"，李东阳所说的"白石桥"并不在此之列。

事实上，回到《曾祖考少傅府君诰命碑阴记》文本之中，李东阳以"北安门之内""白石桥之旁"寥寥数语交代祖宅所在，说明弘治时期的读者能够接受并理解这样简练的表达。这与晚明《酌中志》"北安门内""白石桥"的记录有着类似的表达逻辑。笔者没有找到直接证据用以将晚明史料中的"白石桥"上溯至弘治时期李东阳口中的"白石桥"。不过，从李东阳和刘若愚相似的表达逻辑，结合弘治时期到晚明这一百余年时间中，北安门内的区域及皇城水系未曾有过较大变动的整体背景，再考虑到景山后街的白石桥处于通衢之上的具体情况，笔者认为，李东阳祖父、父亲所居的"白石桥"即景山后街西端的白石桥。

将白石桥的历史上推至明初燕王府时期，随之而来的问题是，这座桥是否有可能始建于元代呢？燕王朱棣在上引给李文忠的手书中，要求"（王府）开河之事，若有人力，可以兴工，若人力不敷且歇。今当仲夏，宜善保"[34]，说明此时可能尚未对元大内水系作很大调整。不过，燕王手书的洪武九年，距离燕王府建成的洪

---

[31]《明太宗实录》卷八七"永乐七年正月癸丑"条，第1154页。

[32] 瞿兑之：《李文忠集传》，中国营造学社：《岐阳世家文物考述》，中国营造学社发行，1932年，第18页。

[33]（元）陶宗仪：《南村辍耕录》卷一《万岁山》，北京：中华书局，1959年，第16页；（元）陶宗仪：《南村辍耕录》卷二一《宫阙制度》，第250、255、256页；（明）萧洵：《故宫遗录》，北京：北京古籍出版社，1983年，第73页。

[34] 瞿兑之：《李文忠集传》，第18页。

武十二年（1379年）尚有三年时间[35]，其间是否改造河道，无法确证。因此，以现有材料，白石桥的始建年代暂无法追至元代。

要之，景山后街白石桥的历史至少可以上溯至明初燕王府时期。而该桥是否可能始建于元代，难以确言。

（二）元代萧墙内的海子水

1946年，侯仁之《北平金水河考》据《元史·河渠志》《元一统志》等文献，揭示了元大都内通惠河水系与金水河水系不同源的情况：通惠河水源自昌平白浮泉，自和义门北进城，入海子（什刹海、积水潭等），供民用；金水来自玉泉山，在和义门南进城，入太液池（北海、中海），供大内用。这些已是学界共识。[36]

《南村辍耕录》记载了万寿山引金水的情况：

万寿山在大内西北太液池之阳，金人名琼花岛，中统三年修缮之，至元八年赐今名。其山皆叠玲珑石为之，峯峦隐映，松桧隆郁，秀若天成。引金水河至其后，转机运斡，汲水至山顶，出石龙口，注方池，伏流至仁智殿后。有石刻蟠龙，昂首喷水仰出。然后由东西流入于太液池。……（万寿山）山之东有石桥，长七十六尺，阔四十一尺半。为石渠以载金水，而流于山后以汲于山顶也。……（万寿山小玉殿）殿之后有小石笋二，内出石龙首，以噀所引金水。[37]

侯先生据此推测了太液池东岸的水道情况，并绘图示意——来自玉泉山的金水沿太液池东岸自北向南，至万寿山以东分流，一条东折"御园"，另一条向西经"石桥"上万寿山（图七）。[38]

此后，侯仁之、徐苹芳等绘制的《元大都（至正年间）》复原图代表了学界对于元大都内部河道的一般认识：金水河水流入太液池，通惠河水途经海子，绕萧墙东侧南流，二水互不交涉，通惠河水（海子水）并不会流入大内（图八）。[39]

然而，《析津志》的三条记载却表明，在太液池东岸还有"海

[35]《明太祖实录》卷一二七"洪武十二年十一月甲寅"条，第2024、2025页。

[36] 侯仁之：《北平金水河考》，第110—123页。

[37]（元）陶宗仪：《南村辍耕录》卷二一《宫阙制度》，第255、256页。

[38] 侯仁之：《北平金水河考》，第120页。

[39] 侯仁之主编：《北京历史地图集》（政区城市卷），北京：文津出版社，2013年，第50、51页。

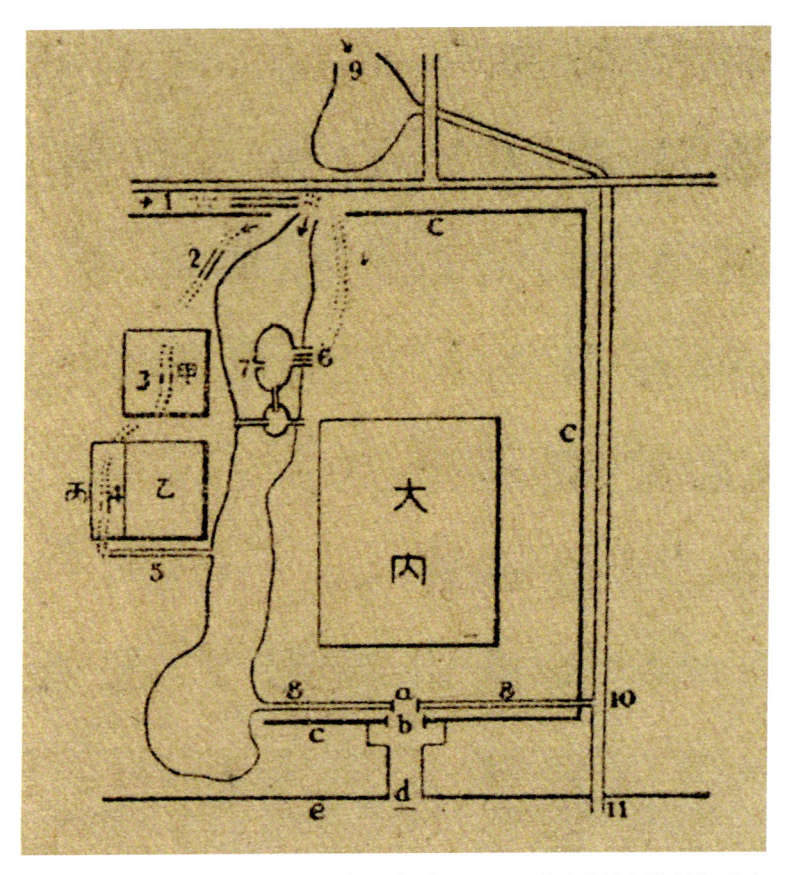

图七　侯仁之元代萧墙内金水河示意图（图中1→6→7为太液池东岸水道，采自《燕京学报》第30期，第17页）

子水"流淌，这与上述通惠河水系不进大内的观点相悖。如何理解这三条文献，并处理其与既往认识的关系？荡漾在太液池东岸的"海子水"是否与后来的景山西河有关？这些问题是本小节的重点。先将三条文献抄录如下。

其一，徐氏铸学斋抄本《析津志》：

升平桥，在厚载门，通海子水，入大内。[40]

"厚载门"即宫城之北门。学者们常引此条说明"升平桥"位于厚载门外。

[40]（元）熊梦祥著，北京图书馆善本组辑：《析津志辑佚》，北京：北京古籍出版社，1983年，第98页。

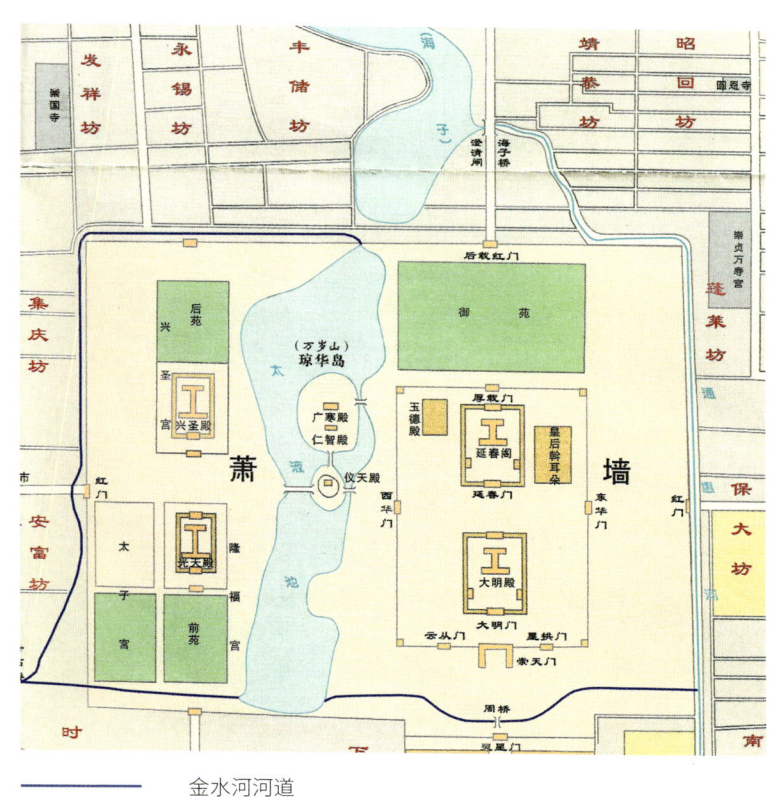

图八 《元大都（至正年间）》复原图局部（采自《北京历史地图·元大都城（至正年间）》，北京燕山出版社，2006年）

其二，《日下旧闻考》引《析津志》：

> 厚载门，乃禁中之苑囿也。内有水碾，引水自玄武池，灌溉种花木。自有熟地八顷，内有小殿五所。上曾执耒耜以耕，拟于藉田也。[41]

仅按此句逻辑，"厚载门"释为苑囿，殊不可解。结合《南村辍耕录》"厚载北为御苑，外周垣红门十有五，内苑红门五，御苑红门四"的记载，[42] 知上引的原文本是对厚载门之北御苑的记述，《日下旧闻考》纂修者漏抄了"厚载门"三字前的内容。

[41]（清）于敏中等：《日下旧闻考》卷三〇《宫室》，第448页。

[42]（元）陶宗仪：《南村辍耕录》卷二一《宫阙制度》，第251页。

其三，徐氏铸学斋抄本《析津志》：

> 厚载门，松林之东北，柳巷御道之南，有熟地八顷，内有田。上自构小殿三所。每岁，上亲率近侍躬耕半箭许，若藉田例。次及近侍、中贵肆力。盖欲以供粢盛，遵古典也。东有水碾一所，日可十五石碾之。西大室在焉。正、东、西三殿，殿前五十步即花房。苑内种莳，若谷、粟、麻、豆、瓜、果、蔬菜，随时而有。皆阉人、牌子头目各司之服劳灌溉。以事上，皆尽夫农力，是以种莳无不丰茂。并依农桑辑要之法。海子水逶迤曲折而入，洋溢分派，沿演渟注贯，通乎苑内，真灵泉也。蓬岛耕桑，人间天上，后妃亲蚕，寔遵古典。[43]

与第二条相似，此条在辑本中以"厚载门"为题，实则是原书记录御苑情况的段落。该条叙述更详，可补充细节，如"洋溢分派，沿演渟注贯，通乎苑内"，知自海子至御苑之间，河道有所分流。

前引三条，第一条言"海子水"流经厚载门前，第二、三条称萧墙内的御苑水引自"玄武池"，亦为"海子水"。可以肯定，元代萧墙内存在海子水。

《析津志》的整理工作虽然始自二十世纪三十年代，但到八十年代，辑佚本才出版，[44] 这可能是三条文献所示萧墙内海子水的情况未能得到注意的主要原因。[45]

近年来，蔡蕃和姚华容、王锐英、李纬文的研究尝试处理了这个问题，解释各异。蔡蕃和姚华容（图九，1）[46]、王锐英（图九，2）[47]的观点类似，他们认为在今地安门西、北海北门东一带，分别有两个入水口：一支靠西，引金水入大内，供万寿山、宫城用水；一支靠东，引海子水，供御苑、升平桥下之水。这两条河道自萧墙北垣向南很长一段距离并行[48]。之所以如此推测，是因三位先生在肯定《析津志》三条文献可靠性的基础上，作出了相同的预设，即金水主要供大内生活用水，通惠河水系的海子水则是大内的景观、灌溉用水。

[43]（元）熊梦祥著，北京图书馆善本组辑：《析津志辑佚》，第114页。

[44] 李致忠：《整理说明》，附于（元）熊梦祥著，北京图书馆善本组辑：《析津志辑佚》，第7页。

[45] 杨宽将升平桥定位于萧墙北门（厚载红门）之外，认为海子水仅从萧墙北门进至御苑为止。不过，此"厚载门"指宫城北门无疑，杨宽先生定位有误，其观点难以成立。杨宽：《中国古代都城制度史研究》，上海：上海人民出版社，2016年，第508、509页。

[46] 蔡蕃、姚华容：《北京金水河考》，《北京文史》2018年第3期（内部刊物），第71页。

[47] 王锐英：《北京中轴线上的桥梁》，光明日报出版社，2022年，第114页。

[48] 不同的是，王锐英认为靠东者即景山西河，但蔡蕃和姚华容所绘河道较后来的景山西河更靠东。

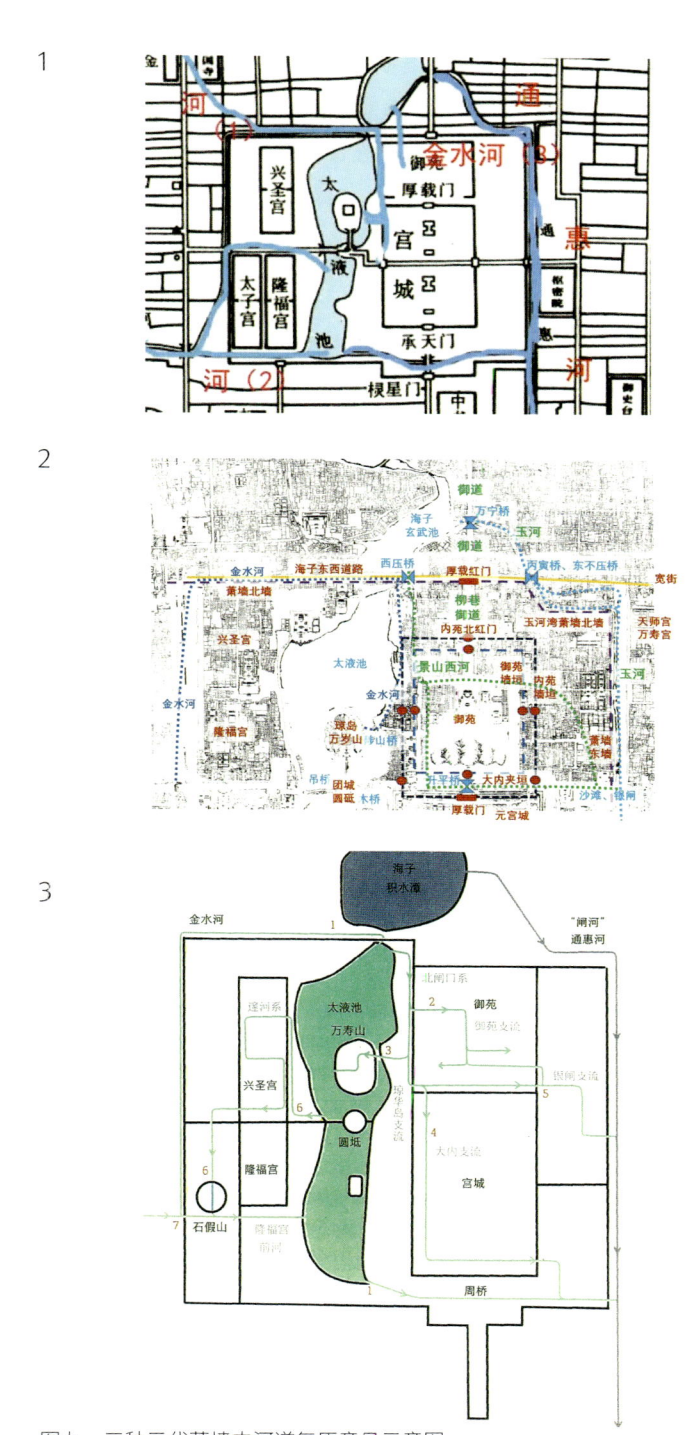

地安门景山西河的形成与变迁 　　　　　　　　　　　　　　　　　**113**

1

2

3

图九　三种元代萧墙内河道复原意见示意图
1. 蔡蕃和姚华容意见（局部，采自《北京文史》2018年第3期，第71页）
2. 王锐英意见（采自《北京中轴线上的桥梁》，第114页）
3. 李纬文意见（采自《隐没的皇城——北京元明皇城的建筑与生活图景》，第53页）

李纬文推测的元代萧墙内水系格局有所不同（图九，3），他认为金水河在今北海北门附近汇入太液池后，立即分一支南流（约在今先蚕坛北），该河道流经御苑则分渠东流，行至万寿山则分水西去，至宫城北墙则一支东向升平桥，其余继续南入宫城。李先生的观点实际上否定了萧墙内存在海子水的说法，这是由于他认为《析津志》中"太液池""海子"两组概念区分明确，从而坚持了大都城内两个水系分流、太液池与海子不互通的既有认识。对于《析津志》中海子水入御苑的记载，他解释称"或许与元末两水区分趋于模糊有关"[49]。

如将上述两类观点再加提炼，其实诸位学者都承认玉泉山金水与通惠河海子水在大都城内有所区分的事实，但对于如何区分、在什么层面上区分，大家思路各异，才形成了上述两类截然不同的意见。简而言之，对于金水、海子水的区分，李纬文是在"流域"层面，《元大都（至正年间）》所代表的既往认识也大体在此；而蔡、姚、王三位先生则细化到"用途"层面。

笔者认为，在"用途"层面解释元大内金水、海子水的区分可行性更强。

经过上文梳理，我们知道在清代，通过景山西河送来的什刹海水，是皇城、宫城的主要水源，但实际上它并不供应宫廷的生活用水。乾隆御制诗《竹罏山房》的自注言："每日茶膳房俱用玉泉山水，偶来就近烹啜，尤觉甘洌异常。"[50]清末震钧《天咫偶闻》也记"若宫中所用，则取玉泉山水，民间不敢汲也。"[51]此外，如光禄寺酿酒，亦用玉泉山水[52]，说明清代宫中生活用水径直取自玉泉山。

那么清人是如何自玉泉山直接取水的呢？乾隆《钦定大清会典则例》详述内务府运送米粮油等物料的用工情况，其中"运送静明园玉泉水，用服役人一百有三名"，"静明园"在玉泉山，这里明言玉泉水由玉泉山直接派工运输。至宫内后，再行分配玉泉水，尚膳房、寿康宫尚膳房、宁寿宫尚膳房皆有几十人的"担水"队伍。[53]经过长途运输，水质难免污浊，《清稗类钞》抄录的《以水洗水》便记录了利用密度差异使水体分层以实现净化的方法："鸾

---

[49] 李纬文：《隐没的皇城——北京元明皇城的建筑与生活图景》，北京：文化艺术出版社，2022年，第52—57页。

[50] （清）弘历：《御制诗五集》卷六三《竹罏山房》，影印文渊阁四库全书，台北：台湾商务印书馆，1986年，第1310册，第617页。

[51] （清）震钧：《天咫偶闻》卷一〇《琐记》，北京：北京古籍出版社，第216页。

[52] 《钦定大清会典则例》卷一五四《光禄寺·良醖署》，影印文渊阁四库全书，台北：台湾商务印书馆，1986年，第625册，第66页。

[53] 《钦定大清会典则例》卷一六〇《内务府·会计司》，第625册，第206页。

[54] 徐珂编撰：《清稗类钞》饮食类《以水洗水》，北京：中华书局，1984年，第6302页。

辂时巡，每载玉泉水以供御用，然或轻时稍久，舟车颠簸，色味不免有变。可以他处泉水洗之，一洗则色如故焉。其法：……"这里也述及运送玉泉水的载具，舟、车兼有[54]。由此可见，清代皇城用水是由役夫自玉泉山直接运水进宫，而自什刹海经西压桥流入的水，则是供景观、灌溉、防火等其他用途。

反观元代，官修《元一统志》记"玉泉山，庚子年十二月编修赵著碑记云：燕城西北三十里有玉泉。泉自山而出，鸣若杂珮，色如素练，泓澄百顷，鉴形万象。……泉极甘冽，供奉御用"。其中，"供奉御用"是对元大内玉泉水用途最直观的表述。[55]

元人开金水河，使用"跨河跳槽"、暗河等方式将玉泉水直接引入大内的做法，与清人以舟载车运的方式将玉泉水送进宫中之目的一样，都是点对点运输，谨供上用。

但从效果和用途来讲，元人、清人两种做法略有差异，造成差异的关键因素在于输水量的多寡。从常理考虑，人工运水，无论载具如何庞大、役夫何其众多，都不如专渠导水来得汹涌且持续。再从史料来看，上引《钦定大清会典则例》记载每次"担水"的役夫仅百十来人，老照片中走街串巷的水伕也只是独轮车上一水缸。因此，专渠导水与人工运水的输水效果，应是天差地别。不同的输水量，造成了用途的差异。清代以人工运水，输水量有限，因而用途仅在生活用水；元人开辟金水河，输水量极大，故在生活用水之外，还能供给少量景观用水：如本小节开篇引用《南村辍耕录》所言万寿山顶石池、小玉殿石龙首之水，以及同书所记隆福宫花园水池之水[56]，皆来自金水河。

不过，既然元人已采用专渠引水这种高效的方式，那么清代为何反而求诸人力呢？这需要从元代金水河的弊端来回答。《元史·河渠一》载："至元二十九年二月，中书右丞马速忽等言：'金水河所经运石大河及高良河、西河具有跨河跳槽，今已损坏，诸新之。'是年六月兴工，明年二月工毕。"[57]彼时距元大都兴建的至元初年不过二十余年，距元大内宫殿竣工尚不足十年。为了专水专供，金水河采用了"跨河跳槽"、暗河等较特殊的河道结构，而这些结构更易损坏，需要更频繁的维护修理。

[55]（元）孛兰肹等撰，赵万里校辑：《元一统志》卷一《山川》，北京：中华书局，1966年，第12页。

[56]（元）陶宗仪：《南村辍耕录》卷二一《宫阙制度》，第257页。此事也见《元史》卷六四《河渠一·金水河》，北京：中华书局，1976年，第1591页。

[57]《元史》卷六四《河渠一·金水河》，第1591页。

同时，《元史·河渠一》又载："英宗至治二年五月，奉敕云：'昔在世祖时，金水河濯手有禁，今则洗马者有之，比至秋疏涤，禁诸人毋得污秽。'"[58] 而至顺二年（1331年）《都水监事记》亦言："金水入大内，敢有浴者、澣衣者、弃土石瓴甋其中、驱马牛徃饮者，皆执而笞之。屋于岸道，因以陿病牵舟者，则毁其屋。碾硙金水上游者，亦撤之。"[59] 为了保证水质，元廷出台了相关禁令，但由于金水河河道过长，难以做到完全有效的监管。

人工运水实际上能够缓解上述两点专渠引水的弊端：既节省了河道维护成本，点对点的专人运输，又减少了污染水体的机会。

综上，清代役夫运玉泉水进宫，与元代开金水河引玉泉水入大内，都是以供宫廷生活用水为主要目的。那么，元大内中大量的景观、灌溉用水来自何处呢？经《析津志》三条文献可知，海子水应是景观、灌溉用水的组成部分之一。这样，除专水专供的金水河外，元大内还会存在一条从海子自北向南引水的河道，《析津志》"海子水迤逦曲折而入"所言不虚，此水在大内"洋溢分派"，依次经过御苑、宫城北门外。巧合的是，本文讨论的景山西河恰恰是自什刹海引水，供给了景山用水，并注入故宫筒子河。

分析至此，笔者不敢妄言景山西河形成于元代，但至少可以说：元代萧墙内曾有一条自海子引水以供景观、灌溉等用水的河道，它的功能与后来明清时期的景山西河相同。

（三）小结：景山西河功能与河道的形成

景山西河是什么时候形成的？史料阙载。笔者以为，至少应从两个角度回答这个问题——这条河承担的功能及河道的具体走向。

白石桥地跨通衢，是景山西河的重要桥梁之一。辨析李东阳对祖宅位置的追述，可以将这座桥的历史上推至明初的燕王府时期。尽管难以通过史料确证明初景山西河的具体走向，但鉴于白石桥位于景山西河中段，这座桥梁的历史至少可以说明，明代初年应存在一条与景山西河走向大致相近的河道。

---

[58]《元史》卷六四《河渠一·隆福宫前河》，第1591页。

[59]（元）宋本：《都水监事记》，收入（元）苏天爵辑：《国朝文类》卷三一，《四部丛刊》影印元至正二年杭州路西湖书院刊大字本，上海：商务印书馆，1919—1922年，第9册，第13叶b面。

《析津志》三条文献表明元代萧墙内有海子水流经宫城外围，并供给御苑灌溉，这样的现象与海子水不入元萧墙的既有认识存在矛盾。梳理相关文献，可知元代大内和清代皇城的生活用水都直接来自玉泉山，前者开渠导水（金水河），后者人工运水，皆是为专水专送，"供奉御用"。同时，在清代，景山西河引什刹海水入皇城，供景观、灌溉、消防等用水，类比之下，供给元大内景观、灌溉用水来自何处呢？笔者认为，《析津志》三条文献提供了关键线索，它告诉我们，元代萧墙内曾有一条自海子引水以供景观、灌溉用水的河道，这条河道的功能与明清时期的景山西河相同。因此，景山西河的功能可上溯至元代。

三、余论：元代萧墙内的海子水河道

侯仁之《北平金水河考》发表以来，元大都城内通惠河、金水河两大水系分源、分流成为学界共识。但究竟两大水系在城内如何分流，众说纷纭。本文关注的景山西河，尽管长度很短，但通过对其形成与变迁的讨论，能够对解决此问题略有推进。

讨论景山西河的变迁，可根据史料将晚明至今的情况梳理清晰。由于这条河道地处城内，在建筑群间蜿蜒流淌，河道变化不易，因此自晚明至今，河道走向未曾变化；但与此同时，由于城市建设，这条河道的泊岸、桥闸、宇墙经常有所维护，加之周遭建筑的改易，使得河道景观因时而变。在对景山西河的特点有基本认识的基础上，探究景山西河的形成，能推测这条河道——至少是白石桥周边的河道——在明初的燕王府时期便已存在；而景山西河引什刹海水供皇城内景观、灌溉、消防等用水的河道功能，则能上溯到元代引海子水入萧墙内的河道。

综合上述，在元代，将海子水引入萧墙内，流经御苑和宫城北墙的那条河，若类比明清皇城的布局，它应与明清时期的景山西河走向类似，且承担了与景山西河相同的功能。尽管尚缺乏材料确言这条输海子水入萧墙的元代河道与景山西河的关系，但是，景山西河至少能为我们思考那条元代河道提供一个切实的参照。

附记　景山西河的现状

2023年初，李零老师带我在城里调查，那天早上，我们自北海北门走到景山前街大三元，沿景山西河寻访古迹，记得老师对河道变迁提出了一些疑问。同年3月，唐晓峰老师问我关于景山后街"白石桥"的问题，笔者梳理史料，渐对景山西河的历史有所了解。2024年3月初，在李老师、唐老师、长云师兄、王瑞智老师的鼓励和帮助下，我开始学习北京水系的既有研究，并想挑一段河道作具体的梳理和考证，当时脑海里蹦出来的就是景山西河。写作伊始，朴世禹老师发送给我西压桥附近闸坝修护的那条档案；危文瀚老师研究了近代以来万宁桥的变迁，他绘声绘色的分享则激发我用"变"与"不变"去思考不同时期景山西河的样貌。为完成这篇文章，我经常午饭后至北海、景山、后海、东不压桥、鼓楼、柳荫街附近遛弯，回家后继续写作，当时总有一种幻觉——文字间的古代河道似乎就在眼前。

附记图一　西压桥及水池（自西向东，画面左侧即西压桥处水闸）张南金摄　2024年

附记图二　先蚕坛河段（自南向北）李零摄　2017年

　　下面，附上景山西河现状的简要介绍，意在使读者留下对这条小河更为具体的印象。

　　西压桥及水池　西压桥位于北海北门东侧，为景山西河之始，由于皇城北墙横亘桥面，故俗称"西压桥""西压半桥"，在清代文献及近代地图中也称"西布粮桥""西步量桥"等，与地安门东边的东不压桥相对。现今该桥为地安门西大街路面的一部分，在北海北门内东侧北望能看到部分桥体。桥下有闸，出自什刹海的水流湍涌而南。桥南是一处水池（附记图一），将水分为两支：一支过池西的两座平桥向西流入北海，一支过池东南的水泥平桥折向南进先蚕坛（北海幼儿园），后者即景山西河。根据清代档案，可知这处水池被称为"西布梁桥荷花池"[60]。

　　先蚕坛河段　这段河道又称"浴蚕河"，在先蚕坛垣内东部，自北向南流，今属北海幼儿园（附记图二）。水自先蚕坛东北角入园，在东南角出园。泊岸竖直，虎皮石砌筑。这段河道共有桥四座，皆钢筋水泥平桥，最北者紧贴北墙，桥下即入水口，向南至亲蚕殿东有一桥，再向南有一宽桥，东南角蚕神殿前有一桥。出先蚕坛后，该河道有一小段改为暗河，其上为幼儿园游泳馆。

[60]《内务府大臣海望等奏为西布梁桥荷花池内添建石闸等约估银两事》，乾隆十七年七月十六日，中国第一历史档案馆藏，档号：05-0122-052。

花房河段　在先蚕坛河段与画舫斋河段之间，水自北海幼儿园南墙下，流至画舫斋北墙下，河西岸为温室花房（附记图三、四）。这段河道的泊岸分两级，第一级泊岸竖直，条石干码，宽约3米；第二级泊岸竖直，顺砖平砌，宽约7米。花房前有钢板桥一座。

画舫斋河段　自画舫斋北墙进入园内，至画舫斋东南角出水（附记图五、六）。在画舫斋院落东北，得性轩建于河道之上，使屋下水道成为暗渠。在画舫斋东厢房（镜香室）东，河道略宽，并有新修钢板桥一座，桥面铺木板。在镜香室东，有小水闸一道，将水引入画舫斋前方池内（附记图七）。此外，画舫斋河段南部西岸还有一水闸，不知引水至何处。此段河道泊岸竖直，条石干码；南部西岸有雕花砖砌宇墙；东岸河边有规律的柱槽，原先应有石栏板之类的构件。

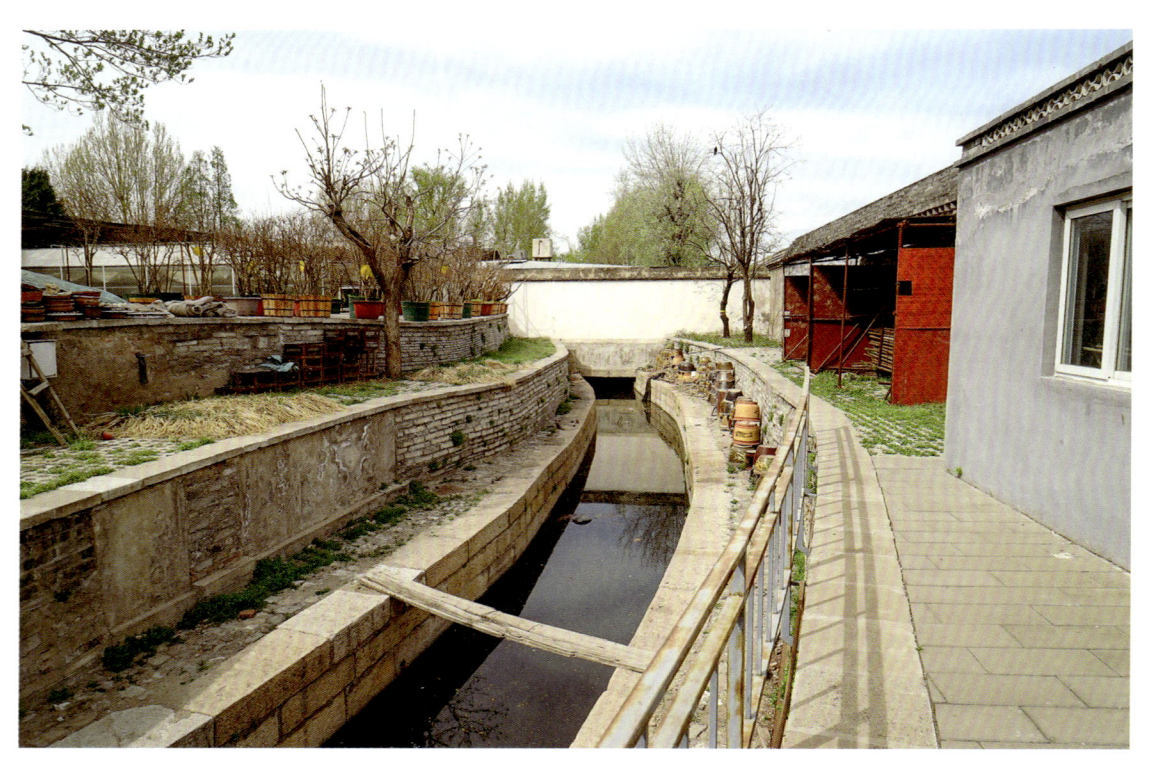

附记图三　花房河段北部（自南向北）张南金摄　2024年

附记图四　花房河段南部（自北向南）张南金摄　2024年

附记图五　画舫斋河段北部（自南向北，画面左侧即镜香室）张南金摄　2024年

附记图六　画舫斋河段南部（自北向南）张南金摄　2024年

附记图七　画舫斋前方池（自东南向西北）张南金摄　2024年

附记图八　濠濮间河段北部（自北向南）张南金摄　2024年

濠濮间河段　自画舫斋南墙流出后，河水蜿蜒南去（附记图八），过假山石峡后在濠濮间北侧汇为一池，即濠濮间前水池（附记图九），又从濠濮间东侧石峡流出，再行近40米，至北海墙垣下（附记图一〇）。泊岸竖直，条石干码。海墙内侧现有一闸，水泥结构，用以节制出水。该闸之后、海墙之下为石构券洞，为北海公园内景山西河的出水口。

附记图九　濠濮间前水池（自北向南）张南金摄　2024年

附记图一〇　濠濮间河段南部（自北向南，红墙即北海墙垣）张南金摄　2024年

附记图一一　景山西街（自南向北，景山西河故道在街东）张南金摄　2024年

附记图一二　西板桥（自西北向东南）张南金摄　2024年

景山西街河段及西板桥　景山西河流出海墙的位置邻近恭俭胡同南口，自此开始改为暗河（附记图一一）。西板桥为一南北向拱券平桥，在恭俭胡同南口庆云寺山门前方，于20世纪70年代的明渠改暗河的工程中被埋入地下。2017年，北京市文物研究所对西板桥遗址开展发掘工作，揭露了桥址及邻近河道的面貌，并原址保护展示（附记图一二）。西板桥两侧的河道泊岸竖直，砌筑方式有两种情况，一部分为条石干码泊岸，另一部分以虎皮石砌筑，西板桥遗址发掘简报指出后者是现代改建的形式[61]。此外，恭俭胡同居民回忆西板桥西侧邻近海墙曾有一座南北向木桥，早已无存，其长辈以"半拉桥""半截桥"称之。[62]

[61] 北京市文物研究所：《西板桥及其河道遗址考古发掘简报》，第100、101页。
[62] 恭俭胡同居民王培芝口述。

附记图一三　白石桥原址（自西南向东北，景山后街与景山西街交叉处）张南金摄　2024年

附记图一四　景山西门桥原址（自西向东，画面正中为景山西门）张南金摄　2024年

附记图一五　筒子河（自西向东，画面左侧河岸券洞即筒子河入水口，右侧为神武门）张南金摄　2024年

白石桥　是一座东西向石桥，在改暗河的工程中埋入地下，位于西板桥东南侧、景山后街西端的路面下（附记图一三）。在老照片中，可见该桥有白石望柱、栏板。

景山西门桥　景山西河经西板桥、白石桥后，沿景山公园西墙外向南，经过景山西门时，有宽广的平桥一座，已被埋入地下（附记图一四）。在二十世纪初的老照片中，可见该桥位于景山西门前，有白石栏板。

鸳鸯桥　原在景山西街与景山前街交叉处，现不见痕迹。在20世纪初的老照片中，可见该桥桥面略有隆起，有砖砌宇墙。

筒子河入水口　景山西街南口正对故宫筒子河处，筒子河北泊岸有拱券出水口，今已不见有水流出（附记图一五）。今日筒子河的入水口在故宫西北角楼对岸，其水由北海而来。水自北海东南角，经暗渠穿景山前街西口至筒子河西北隅。

编后记

我喜欢读李零先生的文章，尤其是他的"大地文章"。读的时候，会想起司马迁的《史记》、郦道元的《水经注》。

"大地文章"不限于读，还可以"活学活用"，拿来规划文史旅行，指导访古的实践。七八年前，我设计过一条"北齐之路"，把晋阳（太原）、邺城（邯郸）、青州这三个北齐最重要的城市，连成一条折线，从表里河山到黄海之滨，长长的一撇。其中晋阳到邺城一段的探访点，大多采自李零先生在三联书店出版的《我们的中国》。李先生的家乡——长治市武乡县北良侯村就在这条线上，他有好几篇文章详细描述了那里的历史风物。记得当时我拿着书，跑到李先生北大的办公室去，请教他武乡东西乡、南涅水、大云寺、分水岭这些地方的具体情形，如何去，等等。时下流行自媒体短视频，这本"元大都踏查记"里面藏有一般人不知道的老北京"宝藏"。有心人"按图索骥"，寻访一下书中"元大都地标性建筑""金河遗迹"这些地方，整理出来，可以发帖几十上百条，妥妥的流量。

李零先生说，考古学的方法就是"拼图、卡位"。要花时间，一块一块，去拼去卡。在"拼、卡"的过程中，还要允许犯错误和改正错误。用他自己的话，就是"语云，失败是成功之母。我说，错误是真理他爹"。书中第一篇讨论北京中轴线的文章，最初刊发在《读书》杂志2022年5月号，据李先生说，文章刊发后，他又反复修改了逾百遍。编辑本书，我也体悟到了李先生的精益求精，"反复读（文献），反复走，反复改"，这是"理论联系实践"式的修改。除了案头文献阅读校订，在电脑上的文字修改，更是十几次实地踏查和思考之后的跨情景修改。李零先生他自己很看重、很享受这十几次的元大都踏查，所以用"风乎舞雩"作为书名；又把历次踏查的时间和参加人员都记录下来，写在书里。现在想来，如果能再有一篇详尽的踏查侧记，甚至是踏查时跟拍剪辑的纪录片，就更好了。

因为无法对现在的北京城做全面的考古发掘，所以，对于元大都的某一些问题，只能根据有限的文献、局部的考古发掘报告和地面遗迹进行综合分析研究，做出推测性和概率性的猜想。这一次，李零先生解决了一些问题，订正了过去的一些"定论"，也提出了自己对某些问题的推理（或曰假设）。譬如，元大都五十坊的分布，元大都金河柳巷东口之后的走向。这种推理或假设可以称为"诗意的想象"，当然，可能会引发一些新问题的提出和不同观点的讨论。这不恰恰是学问的魅力和有意思的地方吗？提出问题，有时候比解决问题还重要。

作为一本探讨研究北京城市历史地理的著作，示意图是绝对不能缺少的。对北京古今地理不太熟悉的读者，如果仅靠阅读文字，没有地图的辅助，想读懂、理解这本书，恐怕困难较大。因此，除了保留《读书》上的文章里已有的一幅示意图，这次编辑，我们又选择合适的文献地图作为底图，针对文章里重点提及的地理点、线、面，重新绘制了几幅新的示意图。这项工作，主要由张南金和许泽邦二位承担。

过去几年，坊间出版过一些北京中轴线题材的图书。不少书的装帧设计形式，是把中轴线上的建筑（或者剪影）做南北串联贯通。这样的好处，是直观。但是，李零先生在这本书里，讨论元大都中轴线的方法，并不是过多停留在中轴线的建筑遗存上。他是从城市规划的元问题——水源入手。"侧翼出击"，循水系水道，如此，万宁桥就是中轴线的"基点"。所以，在与设计师张弥迪讨论封面设计方案时，我们把"水"和"万宁桥"作为设计元素。现在的封面，平摊开来，右上角（东北）踞一万宁桥的镇水兽，其造型正是来自万宁桥遗存的东北侧元代镇水兽；书脊则象征着万宁桥;"桥下"的水纹提取自元代王蒙绘画,元人的水;书名字体用的是赵(孟頫)体,元人的字。整体效果,力求呈现大都元风。

本书的编辑工作,始于今年春节后。短短几个月的时间,得到湖南美术出版社的黄啸社长、王柳润副社长的支持,责任编辑杜作波、责任校对侯婧和助理编辑崔颖做了许多细致而具体的编务和流程工作,唐晓峰、王睿、王军、熊长云、危文瀚、朴世禺、任超、陈彬彬、王晓娟、孟繁之等也对本书的出版有所帮助,在此对以上诸位表示感谢。

这两年,在李零先生的带领下,我与他的学生和朋友们一起在北京"走过"几次,其中有两次是与这本书有关的"元大都踏查"。对于一个编辑来说,能有结合着文本的行走踏查经历,太难得了。要感谢李零先生的信任,让我有了一个深入思考和学习北京历史地理的机会。现在,编辑工作告一段落,未来的日子,希望能继续跟随李零先生走北京,走中国。

王瑞智

2024年6月22日于北京香山虚朗斋

【版权所有，请勿翻印、转载】

图书在版编目（CIP）数据

风乎舞雩：元大都踏查记 / 李零, 张南金著；王瑞智编. -- 长沙：湖南美术出版社, 2024. 8. -- ISBN 978-7-5746-0445-2

Ⅰ. K928.647

中国国家版本馆CIP数据核字第2024SG2883号

风乎舞雩：元大都踏查记
FENG HU WU YU: YUAN DADU TACHA JI

出 版 人：黄　啸
著　　者：李　零　张南金
编　　者：王瑞智
策 划 人：王柳润
责任编辑：杜作波
助理编辑：崔　颖
书籍设计：张弥迪
责任校对：侯　婧
制　　版：杭州聿书堂文化艺术有限公司
出版发行：湖南美术出版社
　　　　　（长沙市东二环一段622号）
经　　销：湖南省新华书店
印　　刷：雅昌文化（集团）有限公司
开　　本：787mm×1092mm　1/16
印　　张：9
版　　次：2024年8月第1版
印　　次：2024年8月第1次印刷
定　　价：108.00元

销售咨询：0731-84787105
邮　　编：410016
网　　址：http://www.arts-press.com/
电子邮箱：market@arts-press.com
如有倒装、破损、少页等印装质量问题，
请与印刷单位联系调换。
联系电话：0571-85095376